光玲おばあちゃんの
かんたん 手相占い入門

沙野光玲

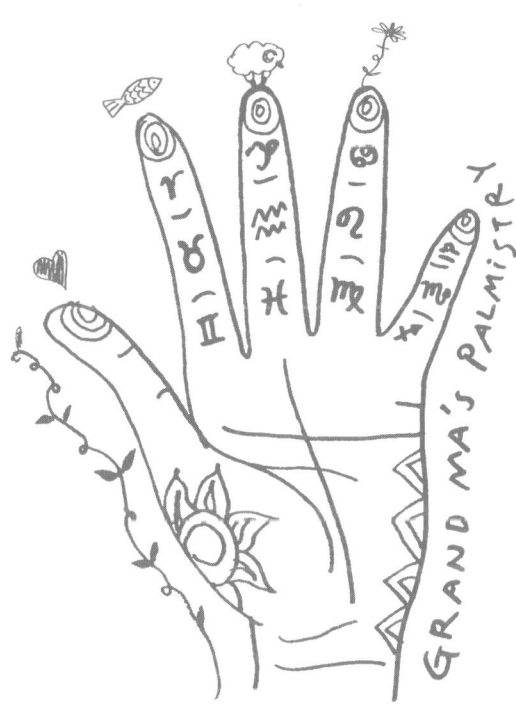

はじめに

人は、自分の人生の中で、一度は大きな岐路に
立つことがあるはずです。
そのとき、自分の進むべき道がわかれば、
大変幸いなことです。
もし、とるべき道と異なる道を選んでしまった時、
苦難が待っているわけです。
たとえ小さな岐路であっても、
より幸せが待っている道を行くために、
占いが大いにお役に立てるはずです。
"占いは、転ばぬ先の杖———"
身近な手相占いで、
より幸せな人生を歩んで下さい。

CONTENTS

はじめに 3

第1章　手でわかることは何か 7

手相占いとは 8
右手・左手どちらの手でみるか 10
手のカタチをみる 12
爪のカタチをみる 16
指の指紋をみる 18
手の丘・平原をみる 20

　　木星丘／土星丘／太陽丘／水星丘／金星丘／月丘／地丘
　　火星平原／第一火星丘／第二火星丘

第2章　手のシワ【線】をみよう 27

基本4大線とは 28

　　生命線／頭脳線／感情線／運命線

その他の線をみる 32

　　太陽線／結婚線／財運線／健康線／影響線／障害線
　　上昇線／旅行線（外国線）／直感線
　　二重生命線／二重頭脳線／スタミナ線
　　金星環／土星環／ソロモンの環／神秘十字
　　情愛線（浮気線）／反抗線

線のサイン・マークをみる　*38*
　　島紋／くさり型／断線／スポット（点）／スクエア（四角紋）
　　サークル（円）／グリル（格子）／スター（星紋）
　　サポートライン／クロス（十字紋）／トライアングル（三角紋）
　　フィッシュ（魚紋）

第3章　主要線の基本の見方　*43*

生命線　*44*
　　生命線の流年法　*46*
　　生命線のカーブをみる　*48*
　　生命線のパターンをみる　*50*
　　生命線にあらわれるサインをみる　*56*

頭脳線　*58*
　　起点で生命線との関わりをみる　*60*
　　頭脳線の長さをみる　*62*
　　頭脳線のパターンをみる　*64*

感情線　*74*
　　感情線の長さをみる　*76*
　　感情線のパターンをみる　*78*

運命線　*88*
　　運命線の長さをみる　*90*
　　運命線のパターンをみる　*92*

結婚線　*98*
　　よい結婚線　*100*
　　吉凶混合の結婚線　*102*
　　要注意の結婚線　*104*
　　結婚の時期をみる　*109*

財運線　*110*
　　よい財運線　*112*
　　要注意の財運線　*115*

太陽線　*118*
　　太陽線の長さをみる　*120*
　　伸びている方向をみる　*122*
　　太陽線のパターンをみる　*124*

おわりに　*126*
参考文献　*127*
著者紹介　*128*

第1章

手でわかることは何か

　古くから手相には、その人の持つ性格や能力、体力や健康状態などがあらわれるといわれています。手の型、指の長さや指紋、手のシワは、いずれも一人ひとりが持っているパーソナルな事柄を示しています。それぞれの意味を知り総合的に判断することで、個々の性格や気質を深く知ることができます。上手に手相をみるためには、まず手全体の基本的な概要を知っておくことが大切です。それでは手の基本的な事柄からみていきましょう。

手相占い とは

　占いというと、ほとんどの方が手相を連想なさるようです。

　私が初対面の方に「占いをしています」というと、必ずといってよいほど、「私はどうですか？」と、片手を差し出します。両手をお見せになる方もいます。手相をみることにより、自分の性格や今後の運勢がわかるということが、一般的に知られている証拠であろうかと思います。

　占いには、大きく分けて、「命占」、「卜占(ぼくせん)」、「相占」の三つの占い方法があります。

　命占には、生年月日から判断する九星気学、四柱推命、算命学、西洋占星術などたくさんあります。生年月日は変更することはできないもので、その方の宿命をあらわします。

　卜占(ぼくせん)は、偶然のものから判断する周易、断易、タロットなど。物事の吉凶や、成り行きを占い、偶然あらわれたものを神聖なる声として読みとります。

　相占は、手相、人相、家相など形にあらわれているものを見て判断するものです。手相は、この相占のひとつです。

　この本は、私たちのいちばん身近にある手相について、はじめての方にわかりやすく、楽しみながら理解していただけるように、手相の手引書として書くことになりました。

　旧約聖書のことばで「神は、人の手に印を刻み給うた。己の天分を知らしめんがために」とあります。15世紀のヨーロッパでは、キリスト教によりタロットカードともども、禁止抑制の憂き目にあいなが

らも、手相は一部の貴族の間でひそかに広がりをみせたのです。
　１６世紀に入ると、活版印刷の発明により、多くの手相研究が発表されました。近代の手相学の基礎は、イギリスのキロによるものであるといってよいでしょう。
　日本では平安時代に仏教とともに手相が伝えられたようです。江戸時代の末期に水野南北が「南北相書」を著し、観相学の大家と謳われ、庶民の間にも関心が広がっていきました。キロの手相学は大正時代になってから普及しはじめたもので、現在の手相学の主流になっているようです。
　さて、指紋同様に手相も、他人と同じものはありません。
　手のひらに刻まれた線は、生まれ落ちたときから、年々少しずつ変化していきます。したがって、手相に悪い兆しがあらわれているからといって悲観的になることはありません。
　神の啓示と思い、努力と心構えがあれば何にも心配はありません。手相であらかじめ運勢を知り、賢く運命の波を乗り越えて、大難は小難に、小難は無難に過ごしていきましょう。

右手・左手
どちらの手でみるとよいでしょう？

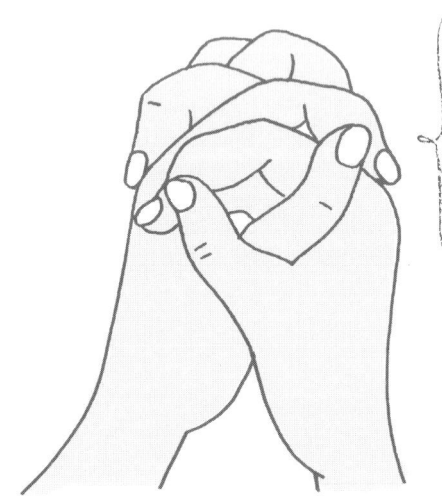

右手と左手を合わせて、何も考えずに、自然に両方の手のひらを組み合わせます。手を組み合わせたとき、左右のどちらの親指が下になっているかをみます。

　手相家によって、いろいろな鑑定法があります。私の場合は、両手を図のように組み合わせたときに、親指が下になったほうの手を中心にみます。けれど、もう一方の手も参考にみるとより確かな情報が得られます。右手と左手の手相は似ている人がほとんどですが、よくみると異なる部分があらわれています。
　親指が下になった手を「積極的な手」といいます。反対に、上になったほうの手を「消極的な手」といいます。親指が下になった「積極的な手」のほうが、手のシワ・線などの変化があらわれやすいことが長年の研究から明らかにされています。このため、その人の性質や考え方などが変化としてあらわれやすい手を「積極的な手」と表現しています。

「積極的な手」と利き手は、必ずしも同じ手ではありません。ですから、必ず図のように組み合わせて、どちらが「積極的な手」であるかを確認するとよいでしょう。日本人では、右手が「積極的な手」になる人は３割、左手が７割ほどのようです（本書では左手を採用しています）。
　右手が「積極的な手」になる人は、ひらめきやアイデアに優れた個性派が多いようです。左手が「積極的な手」になる合理的な考え方の持ち主で、コミュニケーション能力に長けているタイプが多いです。
　「積極的な手」は、「消極的な手」と比べて、変化しやすいことを考えると、両方の手からその人の過去、未来をみることができるといえます。「消極的な手」からは、その人が生まれ持っている先天的な気質や内面的な事柄を読みとることができます。
　人間の五感、行動がすべて脳の働きで制御されていることを考えると、手相の変化も大いに脳からの発信があるものと思われます。その人の考えることや趣味趣向は、そのまま手相に反映されていくと考えられます。鑑定では「積極的な手」を主流にみて、「消極的な手」を要所で合わせてみていくとよいでしょう。
　古くから東洋式の手相鑑定法では、男性は左手、女性は右手でみます。しかし、近年の欧米の手相鑑定法では、左右の手を見比べながらと鑑定するというのが主流になりつつあるようです。

　※　左右の手を組み合わせてみる手相の鑑定法は、「浅野式」として一般化されはじめて普及しているものです。欧米で出版されている手相学の教本でも紹介されています。

手のカタチをみる

手には持って生まれた気質や性格、
現在の心身の状態まで
たくさんの細かな情報があふれています

　さて、手をみるとどんなことがわかるのでしょう。
　古くから手相には、その人の性格や健康状態、才能や思考の状態などがあらわれるとされてきました。手相学では、手にあらわれたそのような情報を読みとり、生まれ持った才能や能力を知ることで、その人の得意分野や適職をはじめ、仕事の運勢、お金の運勢なども知ることができます。また、性格や考え方などを捉え、その人の恋愛の傾向や価値観などをみることができ、結婚運なども読みとることができます。
　手相診断では単に手のひらのシワをみることにとどまらず、手を全体的に捉え、色味やハリ、ツヤ、弾力などもチェックします。そうすることでその人の健康状態やバイタリティ、体力などもわかります。
　基本的な性格や気質を知るためには、手の形をみることも重要な要素になります。手の形や大きさなどから、その人の持っている性質をおおまかに読みとることができます。
　そのほか、手にあらわれるさまざまな兆候から、病気やトラブルといった不運のサインも判断することができます。手は刻々と変化しています。注意深くみることによって、トラブルや障害などを回避して万事にそなえていけるでしょう。

A　指先が長く、ほっそりした手

感性の高い
センシティブなロマンチスト

　手の指が細く、全体的に手のひらがほっそりした印象の手を持つ人は、繊細で傷つきやすい神経の持ち主です。感受性が豊かなロマンチスト。どちらかといえば疲れやすい体質で、非常にデリケートな気質を持っています。

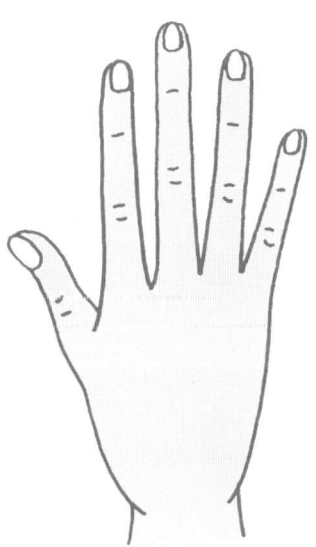

B　小さくて、しなやかな手

細かいところに手が届く
温和でやさしい性格

　手のひら全体が小さく、先端に行くほど指が細くなっている華奢な印象の手は、とくに女性に多いタイプです。細やかな神経の持ち主で、体力は強いほうではありません。思いやりがあり直感の鋭い人。やや非現実的で、損得勘定ができないタイプです。

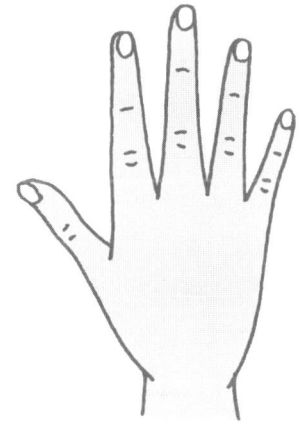

手のカタチをみる

C 縦に長く、関節が目立つ手

知識欲が強い
真面目な努力家

　指の関節が目立ち、肉づきが薄く、縦長の手を持つ人は、知的好奇心が強い勉強家です。芯が強く、粘り強いタイプ。人の好き嫌いが激しい反面、一度気を許した相手には誠実です。体力的にスタミナがあるほうではありませんが、病気に立ち向かう強さを持っています。

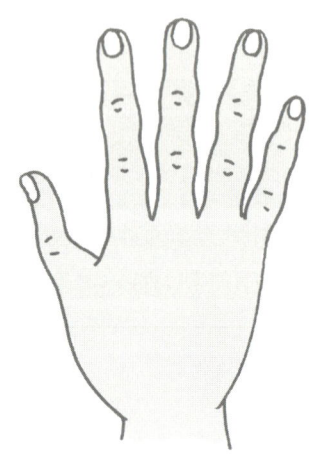

D 四角く、平らでがっちりした手

義理人情に厚く
誠実で自分に正直な人

　手のひら全体の印象が平べったく、四角い印象の手を持つ人は、真面目で頑固な努力家です。骨格もがっちりしている人が多く、病気に打ち勝つ抵抗力があります。温厚な性格で正直者。責任感も人一倍強いタイプです。

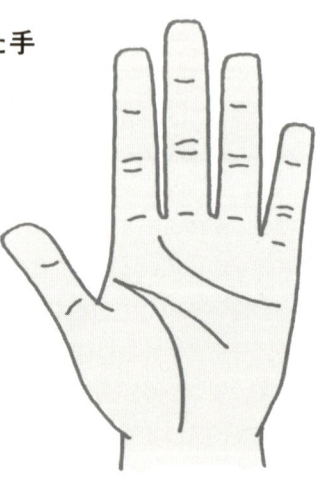

E 丸みがあり、やわらかい手

社交センス抜群
明るくほがらかな人

　指がほどよく長く、手のひらはふんわり肉付きがよく、ふっくらとした印象の手を持つ人は、温和で社交的なタイプです。丸みをおびた手のひらは弾力があります。明るく楽しく、創造力が豊かな人。交際上手ですが、飽きっぽく寂しがりやな一面も。

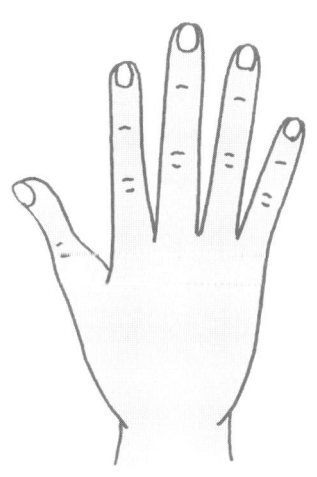

F 厚みがあり、たくましい手

寛大で頼れる存在
ポジティブ精神で有言実行の人

　手のひらが大きく厚みがあり、指が太く、たくましい印象の手を持つ人は、スタミナにあふれたエネルギッシュなタイプです。おおらかな性格で、細かいことは気にしない楽天家。着実に物事を成し遂げていく、粘り強く、頼もしい人です。

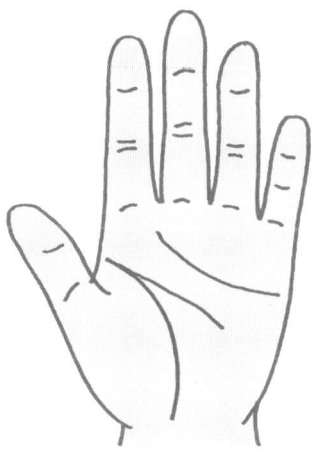

爪のカタチをみる

指・爪の形で、その人の持っている性格や気質を知ることができます。爪を切りそろえた形でみてみましょう。爪の特徴から、個々のパーソナリティを読みとることができます。

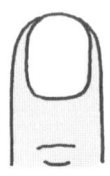

なだらかな曲線を描く　アーチ型

温和で穏やかな性格の平和主義者。争いごとや揉めごとはできるだけ避け、闘争心をあらわしません。プライドが高く、繊細な一面もあります。横の長さが3、縦の長さが4の3：4の比率の爪は、比較的バランスのとれた健康的な爪です。体力やバイタリティのあるタイプです。

縦に長いひし形の　ダイヤ型

義理人情に厚く、誠実な人です。感受性が鋭く、ときにヒステリックな一面があります。爪の付け根の白い三日月の部分が大きい人は、循環器系に注意が必要です。三日月になる白い部分がない人は、体力がなく、スタミナが不足しがちの傾向にあります。

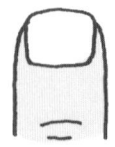

横に広い　幅広型

淡白でさっぱりした性格の博愛主義者。熱しやすく、冷めやすいタイプです。物事に執着することがなく、あっさりしたドライな考えの持ち主です。横に広い幅広の爪を持つ女性は、婦人科系の疾患に注意が必要です。

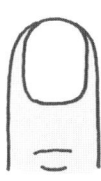
四角い　正方形型

　律儀で、規則正しい生活を好む人。がまん強く、自制心のある人です。ふだんは温和ですが、いざ怒らせると怖いタイプです。物事に対して執着心が強く、執念深い一面もあります。縦の長さが短い爪は、腰部や胴部、肝臓、腎臓などの疾患に注意したほうがよいでしょう。薄く平たい爪は神経疾患に注意が必要です。

縦に長く四角い　長方形型

　常に冷静沈着で、落ち着いている人。やや神経質で、細かいことが気になるタイプです。几帳面で、潔癖な一面もあります。縦に長過ぎる爪は、頭部や胸部など上半身の疾患に注意が必要です。横の幅がとくに狭い爪や、下向きに曲がっている爪は、脊椎や骨の病気に注意が必要です。

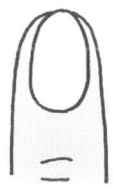
先端が尖っている　剣型

　個性的で、積極的な行動派。一度決めたことは熱心に貫き通すワンマンタイプ。やや自己中心的で利己的な一面があり、人と合わせることが苦手なタイプです。協調性に欠け、強引に物事をすすめる傾向があります。爪の付け根の幅が小さく、逆三角形の爪は、体力的に弱くスタミナがあるほうではありません。

指の指紋をみる

指の指紋も、二つとないその人だけの模様を描いています。指紋のタイプとして、特徴的な以下の3種類をみてみましょう。

渦を巻いている指紋 ― 渦状紋

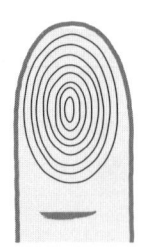

指紋が中心に向かって、ぐるぐると円を描いて渦を巻いているタイプ。渦の中心の位置は、人によってさまざまです。このタイプの指紋は外からのエネルギーを自分の中にどんどん取り入れていく動きをあらわしています。生命力やバイタリティに富み、積極的に行動する人です。個性的である反面、やや自己中心的な考え方をする一面もあります。

渦がなく、流れている指紋 ― 蹄状紋

指紋の渦がなく、線が波をうつように流れているタイプ。流れの方向は、親指側であったり、小指側に向かっていたりさまざまです。日本人にもっとも多い指紋のタイプです。渦のない指紋は、自分のエネルギーを外に流すように向かうことをあらわしています。自分より人を楽しませたり、人に尽くすことを好む奉仕的な性格の持ち主です。

渦がなく、山形を描く指紋 ── 弓状紋

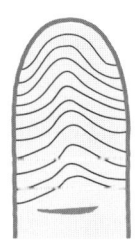

指紋に渦がなく、流れている指紋の中央が高くなり、なだらかな山形を描いているタイプ。蹄状紋と少し似ていますが、蹄状紋のように左右のどちらかに流れることはありません。このタイプの指紋を持つ人は、個性的な性格の持ち主で、優れたリーダーシップを発揮します。自己の思想に頑固で、負けず嫌いな一面があります。

光玲(みれい)おばあちゃんの手相いろはカルタ

光玲(みれい)おばあちゃんがつくった「手相いろはカルタ」には、手相にまつわるミニ知識がわかりやすく盛り込まれています。ことばあそびを楽しみながら、かんたんに手相のイロハがわかります。

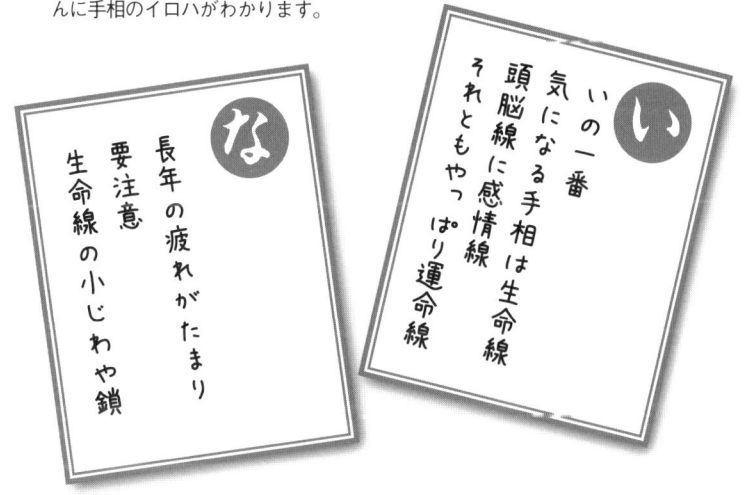

（な）長年の疲れがたまり要注意 生命線の小じわや鎖

（い）いの一番 気になる手相は生命線 頭脳線に感情線 それともやっぱり運命線

手の丘・平原をみる

手のひらにはふくらみのある九つの"丘"と、中央に少しくぼんだ"平原"があります

　手のひらをみると、部分的にもりあがっていたり、平らであったり、各々の手のひらにも特徴があることがわかります。手相学では、手のふくらみや凹凸を地形に見立て、ふくらんでいる部分を"丘"と呼び、中央部の少し凹んだ部分を"平原"と呼んでいます。

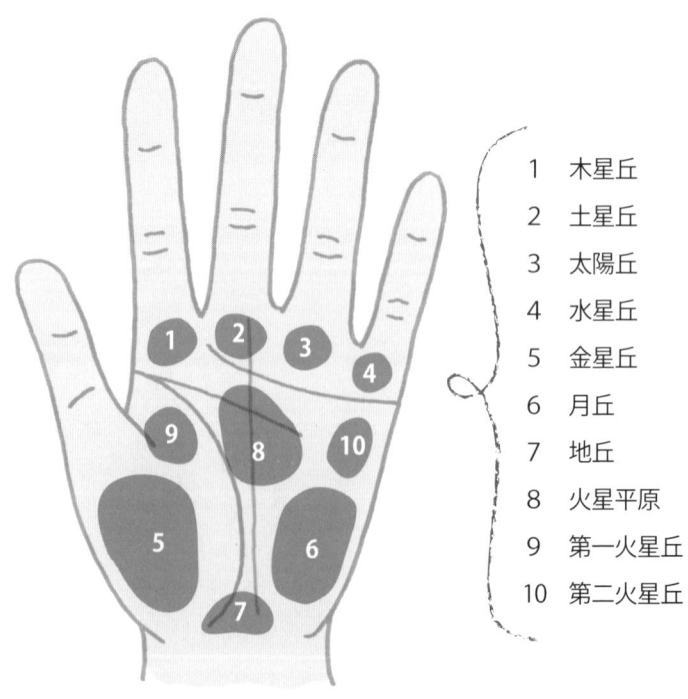

1　木星丘
2　土星丘
3　太陽丘
4　水星丘
5　金星丘
6　月丘
7　地丘
8　火星平原
9　第一火星丘
10　第二火星丘

① 木星丘

希望・出世・地位・名誉・権力
などをあらわす

　人さし指の下のふくらみを木星丘と呼びます。木星丘は名誉・地位・権力・希望などを示します。この丘が発達している人は、指導力に優れたリーダータイプ。強い意志を持ち、高い理想を掲げて努力する自信家です。

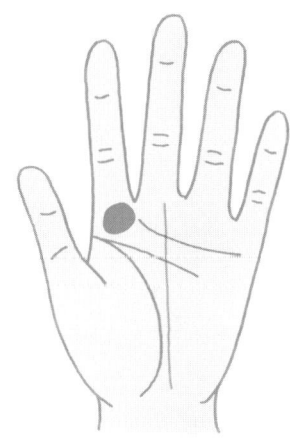

② 土星丘

気力・仕事・社会・環境・勤勉
などをあらわす

　中指の下のふくらみを土星丘と呼びます。土星丘は忍耐力・研究心・思慮深さなどを示します。この丘が発達している人は、慎重で用心深く、がまん強いタイプといえます。やや思い込みが強く、孤独を好む傾向があります。

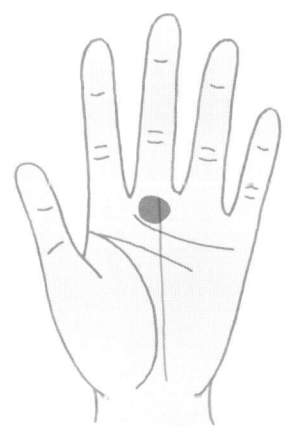

手の丘・平原をみる

③ 太陽丘

人気・名声・芸術・お金・才能などをあらわす

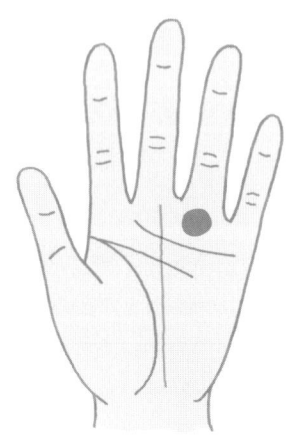

　薬指の下のふくらみを太陽丘と呼びます。太陽丘はお金・才能・人気・芸術・アイデアなどを示します。この丘が発達している人は、芸術的センスがよく、豊かな才能や名声に恵まれる人気者です。ハリ、ツヤのいい太陽丘のふくらみは、比較的に強運の持ち主といえるでしょう。

④ 水星丘

財産・結婚・商売・仕事・交際などをあらわす

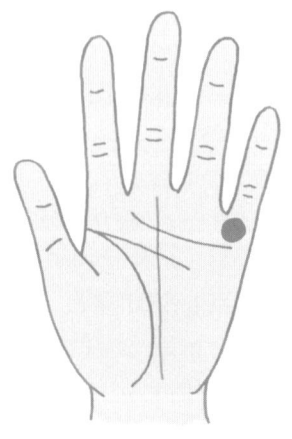

　小指の下のふくらみを水星丘と呼びます。水星丘は社交性・コミュニケーション力・表現力・判断力・知識力・経済力などを示します。この丘が発達している人は、分析・判断能力に優れ、頭の回転がはやく商才があります。

5 金星丘

体力・健康・愛情・性欲・気力
などをあらわす

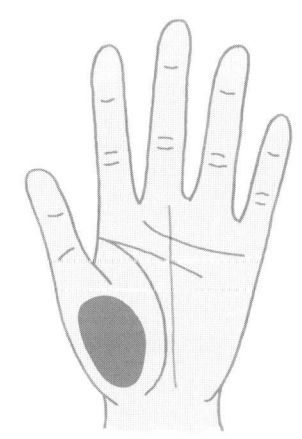

　親指の下のふくらみを金星丘と呼びます。金星丘は生命力・バイタリティ・愛情・性欲・健康などを示します。この丘が発達している人は、豊かな愛情の持ち主です。エネルギッシュでバイタリティがあり、スタミナも十分。この丘の発達が弱い人は、気力ともにスタミナも不足しがちなタイプです。

6 月丘

感性・芸術・才能・センス・精神
などをあらわす

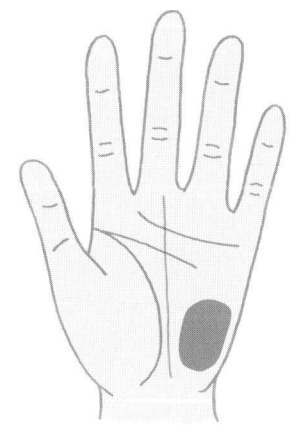

　手首に近い場所で、小指の下のふくらみを月丘と呼びます。月丘は想像力・神秘性・芸術的センスなどを示します。この丘は、感受性の豊かさをあらわし、また、文学、芸術的なセンスをあらわします。神秘的な事柄や空想的なものと関連が深くあらわれやすい丘です。

手の丘・平原をみる

❼ 地丘

性格・家族・先祖・環境
などをあらわす

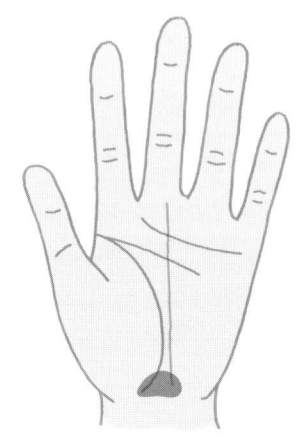

　金星丘と月丘の中間にある、手首に近い部分の丘を地丘と呼びます。地丘は親や先祖から恵まれたものをあらわし、その人の性格や環境などを示します。地丘はそこにあらわれているスジや線の様子から、その人の持つ性質や体力などもみることができます。

❽ 火星平原

自尊心・自我・20〜40代の運勢などをあらわす

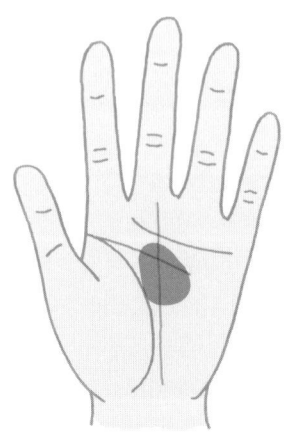

　手のひらのほぼ中央のくぼんでいる部分を火星平原と呼びます。手のひらにある唯一の平原がこの部分です。火星平原は自我をあらわしています。適度なくぼみのある平原は、温和でやさしい性格の持ち主。厚みのある平原は、やや自信過剰で強引な性格です。

⑨ 第一火星丘

積極性・行動力・正義感・攻撃性などをあらわす

　火星平原の親指側よりで、木星丘と金星丘の間の部分を第一火星丘と呼びます。第一火星丘は積極性・行動力・正義感・攻撃性などを示します。この丘が発達している人は、物事に対して果敢に取り組む勇気と根性があります。その反面、負けず嫌いで攻撃的な一面もあります。

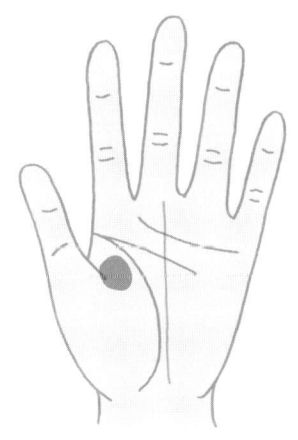

⑩ 第二火星丘

向上心・自制心・忍耐力・精神などをあらわす

　火星平原の小指側よりで、水星丘と月丘の間の部分を第二火星丘と呼びます。第二火星丘は精神・情熱・向上心・自制心・忍耐力などを示します。この丘が発達している人は、強い精神力を持っています。忍耐強く、逆境にも強いタイプです。

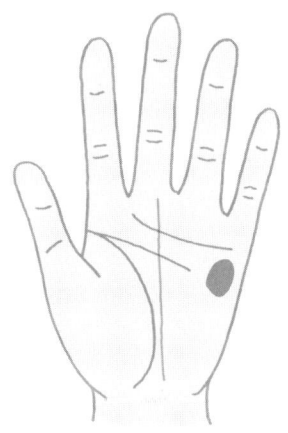

> 健康で
> 長寿の手相

【開運！ 手相ミニ知識 その一】

長くはっきりした二重生命線にスタミナ線もある

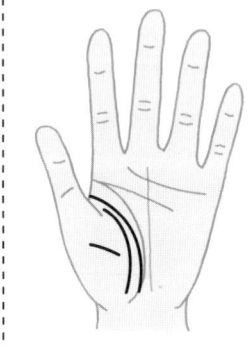

乱れがなく美しい生命線が、長くはっきりと手首近くまで伸びている人は恵まれた生命力をあらわしています。その線に沿うようにあらわれている二重生命線はその意味を強めています。金星丘が豊かにふくらんでいて、スタミナ線があらわれている人は、エネルギッシュなタイプで優れた健康状態です。

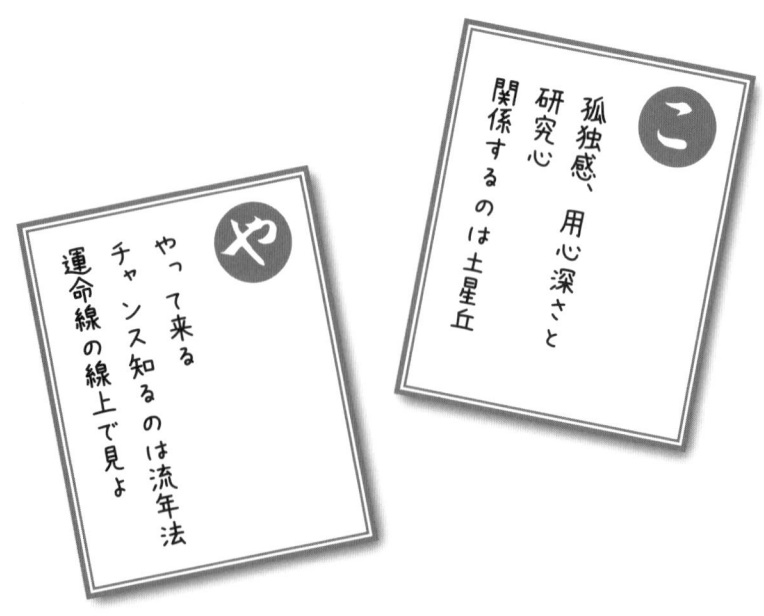

こ　孤独感、研究心　用心深さと関係するのは土星丘

や　やって来るチャンス知るのは流年法　運命線の線上で見よ

第2章

手のシワ【線】をみよう

　手のひらには、シワやスジのような線があらわれています。手のひらに刻まれた線、その模様は指紋と同じように人それぞれ異なっていて、まったく同じ手の模様は存在しません。手にあらわれている線は、個々の性格や気質といったパーソナリティのほか、その人の人生や価値観・恋愛・才能・運気などを詳細に示します。それ以外にほくろや点、線が織りなす独特のシンボルマーク（サイン）など、手のひらにあらわれるさまざまな兆候をみてみましょう。

基本4大線とは

基本人格をあらわす四つの重要な線
生命線・頭脳線・感情線・運命線

　手のひらに刻まれているもっとも代表的な線に、生命線・感情線・頭脳線の三つの線があります。手のひらで目立ち、はっきりとわかるのがこの3線です。これに、手のひらの真ん中を通り、中指に向かって伸びている運命線をあわせたものが基本の4大線になります。

　四つの線からはその人の基本的な性格や才能、価値観や仕事運、恋愛運など、その人自身の性質を総合的に捉えていくことができます。基本4大線は、手相の診断をする際にもっとも重要な線です。

　手相は、一つの線や筋をみるだけで物事を端的に判断することはできません。手のひらにあらわれる線は、それぞれに異なる意味を持っています。特に基本4大線と呼ばれる生命線・頭脳線・感情線・運命線は、その人固有のパーソナリティをあらわすもの。

　生命線は、生きる力やライフスタイルなど生命の基盤をあらわします。頭脳線では、考え方や頭脳の活発さ、思考の傾向がわかります。感情線は、その人の感情や性格をあらわし、愛情や情緒の豊かさがわかります。運命線は、生命線の次にその人の人生をみる重要な線で、その人の生きる姿勢や、メンタリティなどもわかります。それぞれの線の意味を深く読みとり、手のひらに流れる線の状態を総合的に判断して、物事を解釈していくことが大切です。

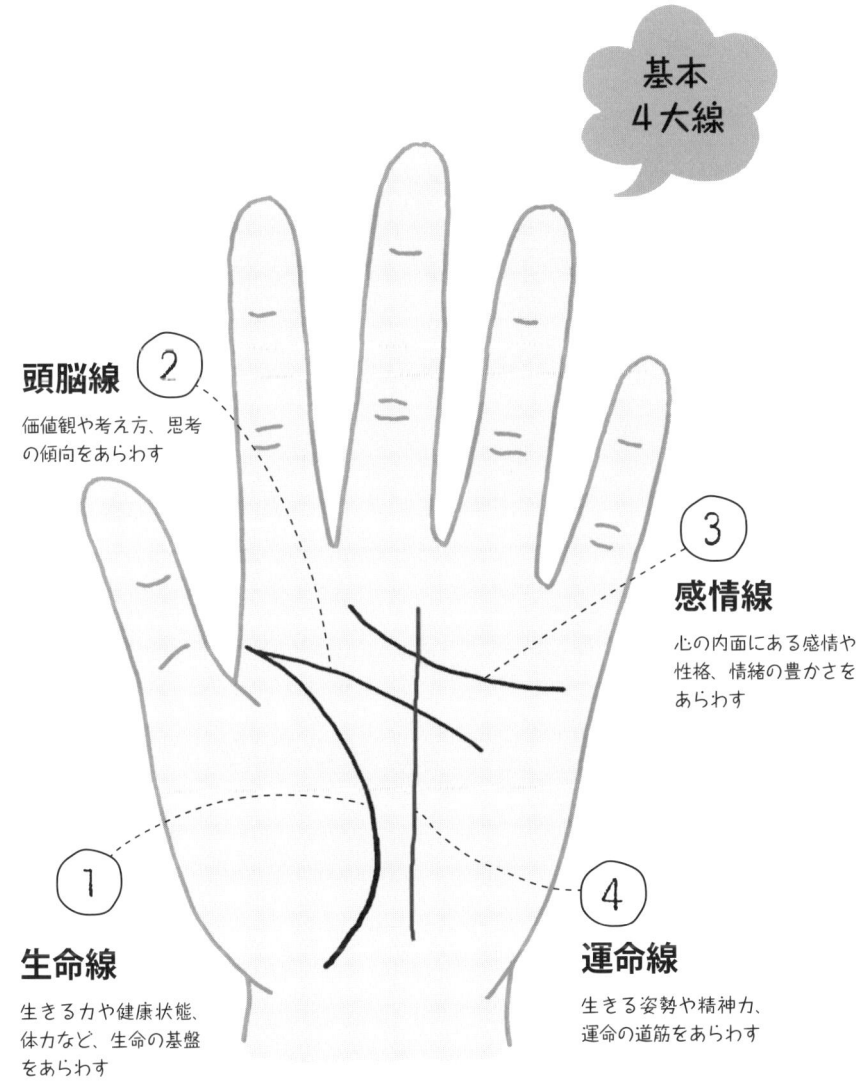

基本4大線とは

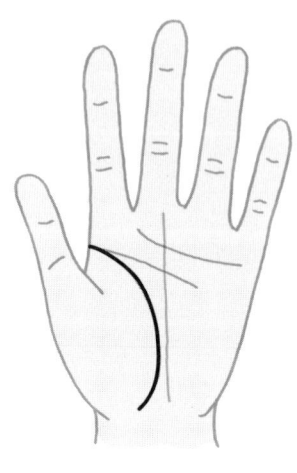

① 生命線

生命力や体調、その人のエネルギーをあらわす

　親指と人さし指の間から始まり、手首に向かってゆるやかなカーブを描いて伸びていく線です。生命線は、生命力やバイタリティ、健康状態をあらわします。生命線が大きなカーブを描き、はっきり、くっきりしているほど体力、スタミナも十分です。

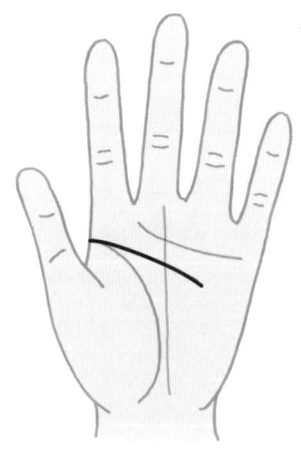

② 頭脳線

思考や考え方の傾向だけでなく性格や適職もわかる

　親指と人さし指の間から、手のひらを横切るように伸びている線です。頭脳線は生命線と起点が同じになっていることもあります。頭脳線は、才能や価値観、考え方などその人の思考の傾向をあらわします。順応能力などから適している仕事や職種などもわかります。

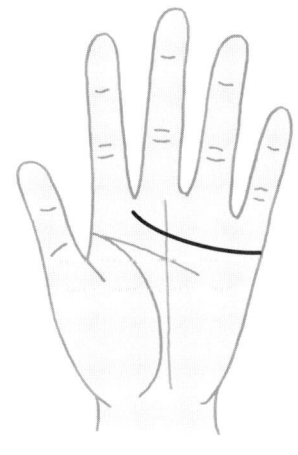

③ 感情線

感情や愛情、その人の
性格やメンタル状態をあらわす

　小指の下から、人さし指や中指の方向に向かって横に伸びている線です。感情線は、感情や愛情、対人関係などをあらわします。人間の感覚的な部分と深く関わりを持ち、感情表現や対人への接し方などがわかります。メンタル的なコンディション状態も読みとれます。

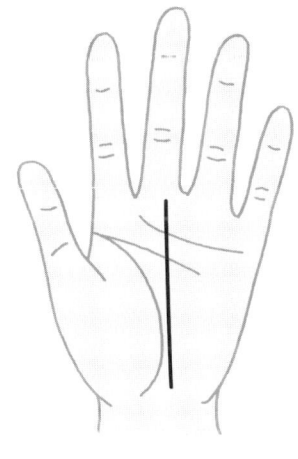

④ 運命線

生命線とともに人生の運気と
エネルギーをあらわす

　手首の中央から、中指に向かって縦に伸びていく線です。生命線・感情線・頭脳線は、生まれた時からあらわれている人がほとんどですが、運命線はその人の肉体や精神の成長バランスと密接な関係があります。運命線は非常に変化しやすい線ですが、運勢をみるうえで重要な線になります。

その他の線をみる 1

　手のひらには基本4大線のほかに、重要な意味を持つ線がたくさんあらわれます。これらの線はとても変化しやすいもの。消えたり、形を変えてあらわれたり、さまざまです。線はすべてあらわれるというわけではありません。細かな線ですが、その人の現在の状態を知るうえでそれぞれが重要な事柄を反映しています。

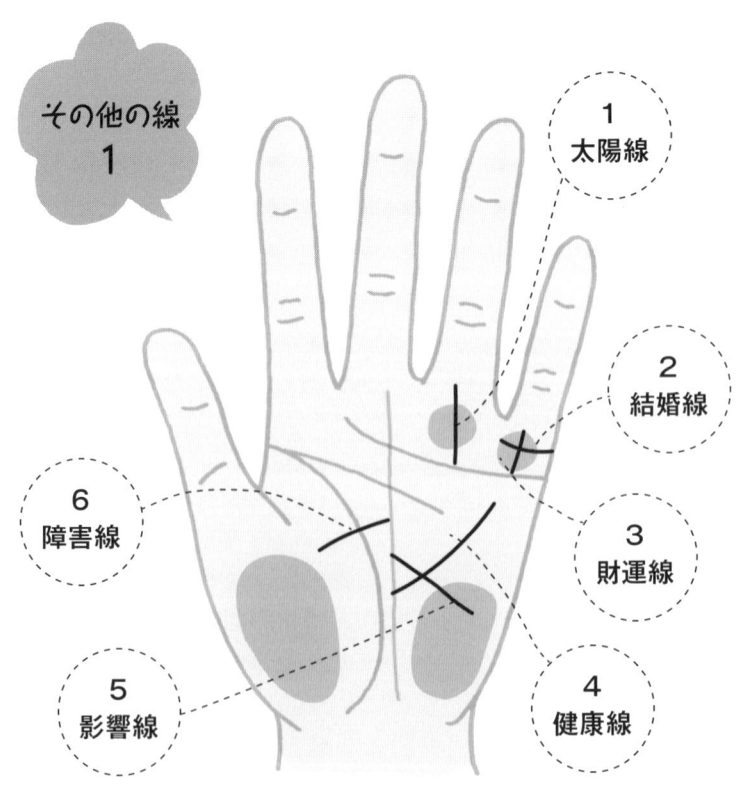

その他の線 1

1 太陽線
2 結婚線
3 財運線
4 健康線
5 影響線
6 障害線

① 太陽線

　薬指の下の太陽丘に縦に伸びている線です。太陽線は、人気・名声・金運・アイデアなどをあらわします。長くはっきりと縦に伸びている線ほどよい線です。

② 結婚線

　薬指の付け根と感情線の間に横に伸びている線です。結婚線は、愛情や恋愛、異性関係などをあらわします。途切れたり枝分かれすることがなく、きれいにまっすぐ伸びている線ほどよい線です。

③ 財運線

　小指の下の水星丘に縦に伸びている線です。財産や金銭をあらわし、財産を蓄える能力を示します。線が濃く、くっきり刻まれているほどその意味を強くあらわします。

④ 健康線

　小指の下の水星丘付近から、生命線に向かってななめに伸びる線です。第二生命線とも呼ばれています。1本の線としてきれいに伸びていれば健康な状態をあらわしています。

⑤ 影響線

　手首の上のふくらみがある月丘付近から、運命線に向かってななめに伸びる線です。影響線は、異性関係や愛情、恋愛観などをあらわします。

⑥ 障害線

　親指の付け根のある金星丘付近から、生命線を横切ってななめに伸びる線です。障害線は、物事に対してトラブルや障害をあらわします。

その他の線をみる2

基本4大線以外の重要な線は、生まれ持ったものではなく、後天的にあらわれる線がほとんどです。線は周囲の環境からも影響を受けやすく、その人自身の考え方や思考の状態によって大きく変化しやすい線といえます。

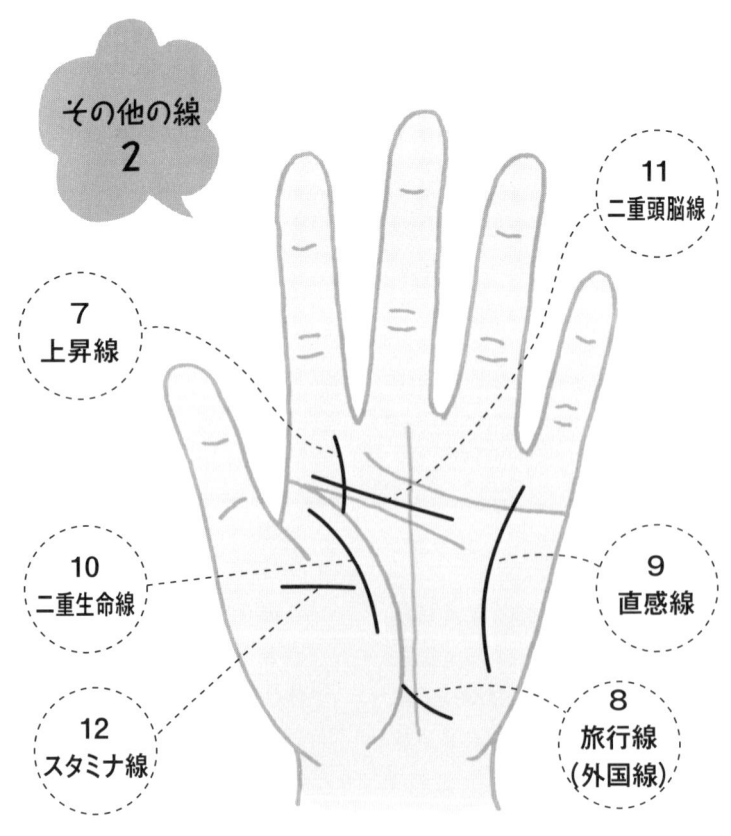

その他の線 2

7 上昇線

11 二重頭脳線

10 二重生命線

9 直感線

12 スタミナ線

8 旅行線（外国線）

7 上昇線

生命線から人さし指に向かって、縦に伸びている線です。夢や希望の実現、目標の達成などを意味しています。

8 旅行線（外国線）

生命線の伸びている手首の末端にある線で、小指の月丘付近に向かって分かれていく支線です。自宅から離れた遠方や海外に縁があり、旅行や移住を意味します。

9 直感線

小指の下の水星丘付近から、手首近くの月丘（小指側の手首上のふくらみ）に向かって伸びている線です。カンが鋭い人にあらわれます。

10 二重生命線

生命線と並行するように、金星丘にあらわれるもう1本の線を二重生命線と呼びます。生命力が強く、病気に対する抵抗力や回復力の強い人にあらわれます。

11 二重頭脳線

頭脳線と並行するように、頭脳線の近くにあらわれるもう1本の線を二重頭脳線と呼びます。頭の回転がはやく、とても器用なタイプです。多種多芸な才能を持つ行動派にあらわれます。

12 スタミナ線

親指の付け根の金星丘付近に、真横に走る線です。体力やバイタリティのある人にあらわれます。スポーツ選手にもよくみられる線です。

その他の線をみる 3

基本４大線以外の重要な線は、それぞれが必ずしも１本の線とは限りません。同じ意味を持つ線が２本、３本……と並行してあらわれることもあります。その長短や起点の位置もさまざまです。また、線の濃さや色（赤みを帯びているかどうか）をみることなども意味を持っています。

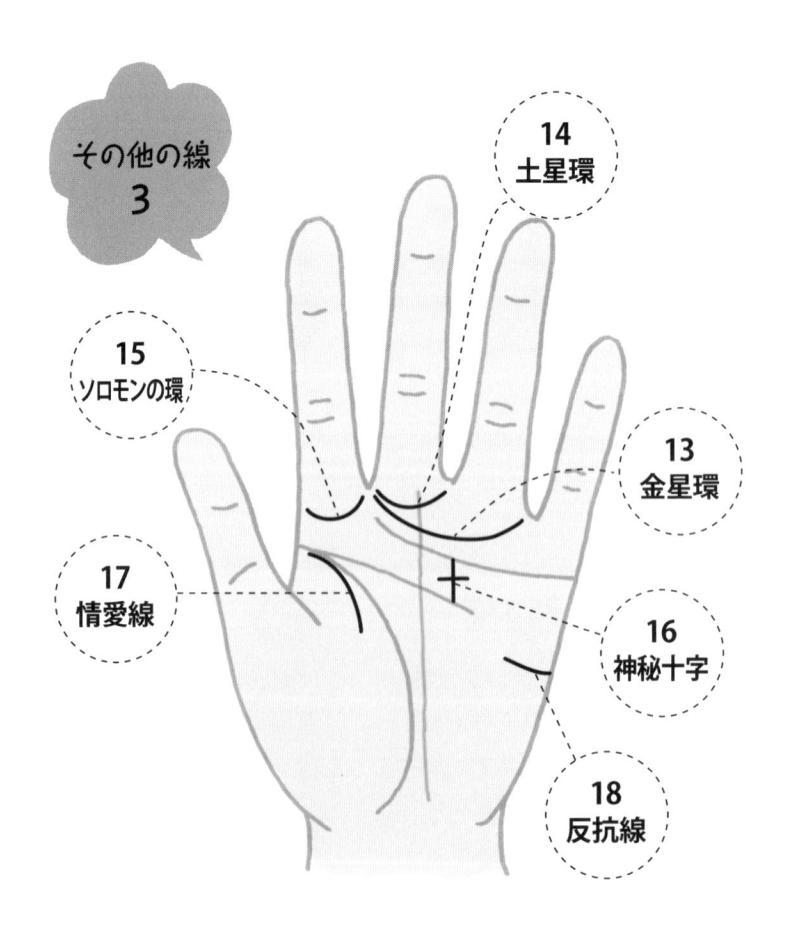

その他の線 3

- 14 土星環
- 15 ソロモンの環
- 13 金星環
- 17 情愛線
- 16 神秘十字
- 18 反抗線

⑬ 金星環

　人さし指と中指の中間あたりから、中指と薬指の間に向かって半円を描いてあらわれる線です。感受性が高く、美や芸術の分野に優れた人にあらわれます。

⑭ 土星環

　中指の付け根の下の土星丘に、半円を描いてあらわれる線です。忍耐強さやこだわりをあらわします。研究熱心で独特の感性を持つ人にあらわれます。

⑮ ソロモンの環

　人さし指の付け根の下の木星丘に、半円を描いてあらわれる線です。信仰心が深く、神秘的なものに関心があります。大変めずらしい線で、幸運をあらわす象徴とされています。

⑯ 神秘十字

　手のひらの中央の火星平原あたり、感情線と頭脳線の間にあらわれる十字形の線です。信仰心の厚い人や霊感の強い人、神秘的なものに関心が高い人にあらわれます。神秘十字があらわれたら、臨時収入も期待できます。

⑰ 情愛線（浮気線）

　生命線の内側に、生命線に沿うように並行してあらわれる線です。異性に関心が高く、浮気っぽい人にあらわれる線です。

⑱ 反抗線

　感情線の起点のすぐ下の第二火星丘に、横に伸びる線です。正義感が強く、権力や型にはまらない反抗心旺盛な人にあらわれます。

線のサイン・マークをみる

　線の長短や濃淡だけではなく、手のひらにあらわれる線そのものの状態をみることも重要です。途切れ途切れになっていたり、からみ合っていたり、特定の模様を描き出していたり、手のひらの線はさまざまな事柄を映し出しているようです。基本４大線の状態をみることはもちろん、手にあらわれる線の特別なサインをチェックしてみましょう。

島紋

　手のシワがからまり、５ミリ前後の目があいたような"島"の状態ができたものを指します。島紋は手のどの線にあらわれても悪い兆候をあらわしています。一般に長期のスランプや深刻な障害を示します。島が大きいほどその意味は強くなります。島紋のサインは、完全に消えてなくなるまでにかなりの時間がかかります。

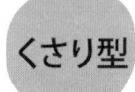

くさり型

　線が１本ではなく、複数の線がからみ合って鎖のような状態になっているものを指します。くさり状にからみ合った線は、いずれも不安定な状態にあることをあらわすもの。生命線や感情線によくみられる線で、男性より女性によくあらわれます。感情線がくさり型になっている場合は精神面で繊細であったりストレスを抱えていたり、生命線がくさり型の人は体力や気力が弱い傾向をあらわします。

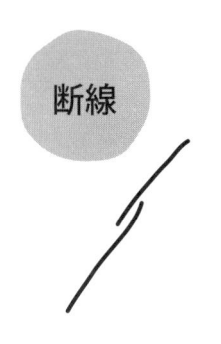

断線	主要の線が1本の線ではなく、線が途中で切れているような状態を指します。断線は、大きな障害やトラブル、停滞を意味しています。切れている感覚が大きいほど、その意味は深刻になります。生命線に断線があらわれている場合は、病気や事故などに十分な注意が必要です。感情線や頭脳線、運命線などにもあらわれます。断線は障害、停滞の意味のほか、変化や転機なども示しています。
スポット（点）	手の線上や丘にあらわれる点を指します。スポット（点）は、赤や黒いシミのような丸い点です。スポット（点）は、一時的な障害やトラブルなどよくない兆候をあらわします。手の線や丘の各部位にあらわれた場所によって意味合いは多少異なりますが、病気やケガ、障害、トラブルなど不運な出来事に注意が必要なサインです。
スクエア（四角紋）	縦、横の線が交差して四角の模様を描いている線を指します。漢字の"井"のような形に似ています。スクエア（四角紋）は、保護やサポートをあらわします。障害やトラブルなど不運に遭遇しても、奇跡的に乗り越えられるラッキーな兆候を示しています。運命線上のスクエアは大きな変化を意味します。感情線上にあらわれた場合は、トラブルに注意を促すサインです。

線の サイン・マークをみる

サークル（円）

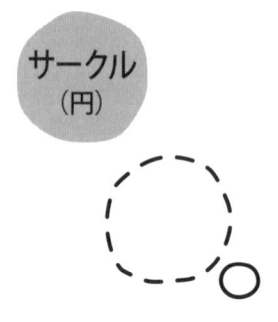

　線が丸くなって、円の形になっている線を指します。一般に円の大きさは5ミリから1センチほどですが、それよりも大きいものや小さなものまでさまざまです。手の丘にあらわれ、その丘の意味を強めます。大変めずらしい形で、太陽丘にあらわれると成功をおさめる、目標を達成するなど幸運のサインです。

グリル（格子状）

　グリル（格子状）は手のひらの各丘に、比較的によくあらわれる線です。縦、横の線が格子の模様を描いているものを指します。縦線はプラスの要因、横線はマイナスの要因をあらわし、それらが細かく交差していることから物事の停滞や不安定な状態をあらわしています。グリルは主にマイナスの意味を持ちますが、太陽丘にあらわれたグリルに限り、成功を手にするよい兆しの象徴です。

スター（星紋）

　イラストのような星の印を描いた線です。1点のくぼんだ部分を中心点として放射線状に6、8本の線が伸びています。スター（星紋）は、幸運の到来を意味するラッキーなサイン。線の長さや大きさはさまざまですが、だいたい1センチ程度です。非常に変化しやすい線で、突然あらわれたり、消えてなくなったりします。

サポートライン	生命線、運命線など主要な線に寄り添うように並行してあらわれる線です。援助や協力など支援者の出現や、周囲に助けられるなど恵まれた運気をあらわします。サポートラインは、基本的な運勢をさらに補足し強化します。予想以上の結果や成果を得ることができるラッキーなサインです。
クロス（十字紋）	十字の形に線がクロスしているものを指します。思いがけない病気や突然のトラブル、事故や災難などの障害を意味します。島紋の次にアンラッキーを示すサインで、大きさは１センチ程度。クロスは島紋と比べると、比較的に短期間で消えるようです。運命線や生命線上にあらわれると不運を示し、注意を促します。
トライアングル（三角紋）	生命線、感情線、頭脳線など、主要線以外の線でつくられた三角形を指します。大きさはだいたい５ミリ程度。手のひらのどの場所にあらわれても、幸運の到来を意味するラッキーサインです。丘にあらわれたトライアングルは、その丘の持つ意味を強めます。
フィッシュ（魚紋）	イラストのようなきれいな魚の形を描いた線を指します。大変めずらしい線で、幸運やチャンスの到来を示す非常にラッキーなサインです。おもいがけないうれしいハプニングや幸運の転機が訪れることを意味しています。

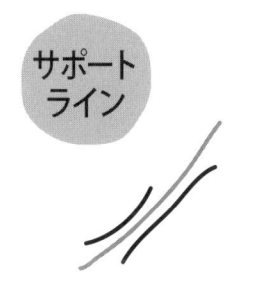

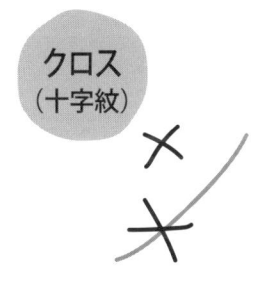

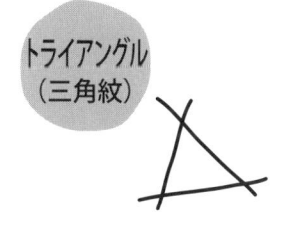

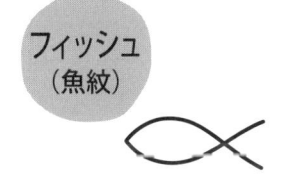

> 玉の輿にのる手相

【開運！ 手相ミニ知識　その二】
結婚線が太陽線に届きスター（星紋）がある

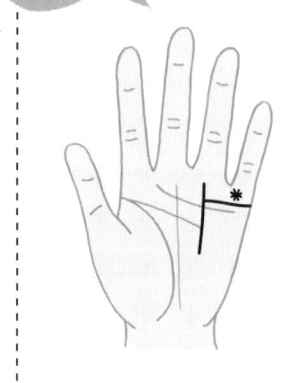

きれいにまっすぐ伸びている1本の結婚線が、太陽線に届いている人は、裕福な人に見初められて結婚にいたる玉の輿の相をあらわしています。また、その結婚線の近くにスター（星紋）があらわれているのは幸運のサイン。幸せな結婚を意味します。

ゐ
井の中の蛙になるな
手相にも
外国線が呼んでいる

ね
願い事、幸運招く
ソロモンの環
二重線なら悪魔も逃げる

第3章

主要線の基本の見方

　手のひらには多くのシワやスジのような線がたくさんあります。その種類は、ひと目ではっきりわかるように深く刻まれたものから、細くてあまり目立たないスジのようなものまでさまざまです。生命線・感情線・頭脳線・運命線という基本4大線は手相をみるうえでもっとも重要な線となります。そのほかの重要な線も含めて、それぞれの線が持つ意味をさらに細かくみていきましょう。

生命エネルギーをあらわす生命線

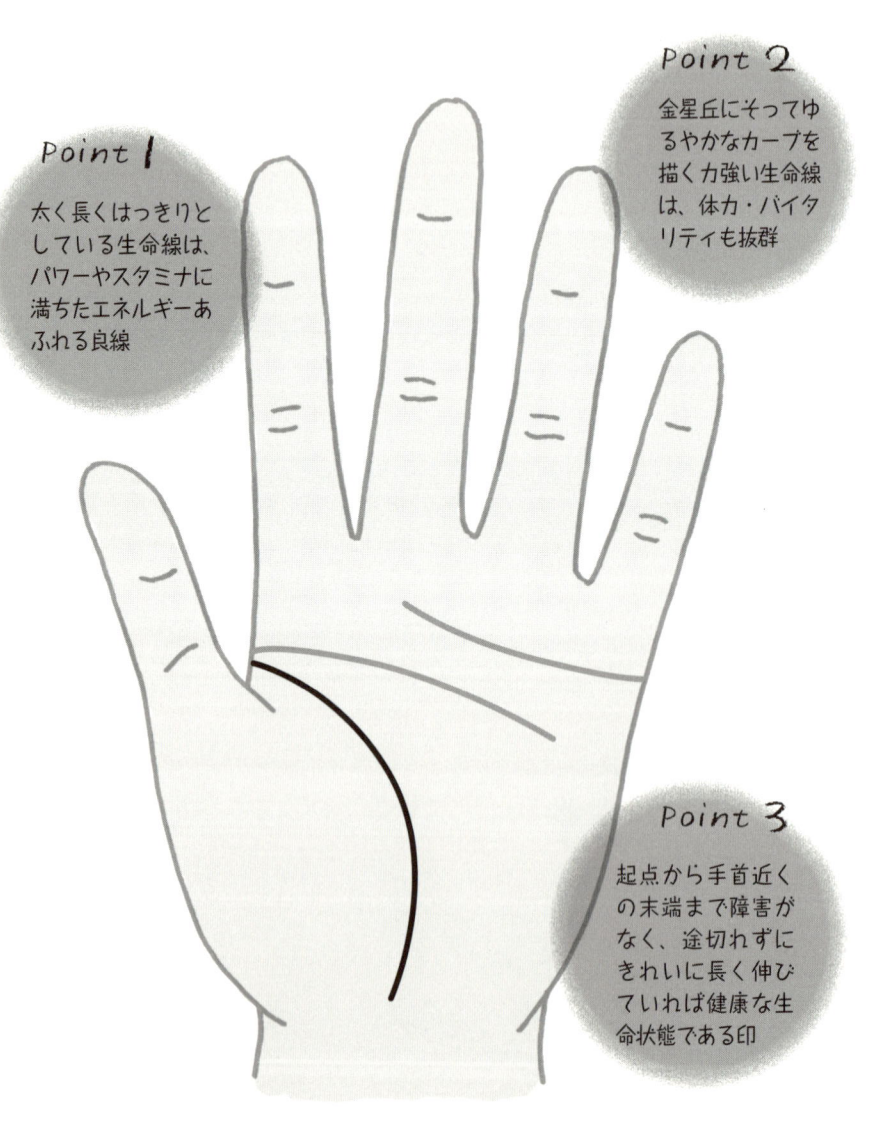

Point 1
太く長くはっきりとしている生命線は、パワーやスタミナに満ちたエネルギーあふれる良線

Point 2
金星丘にそってゆるやかなカーブを描く力強い生命線は、体力・バイタリティも抜群

Point 3
起点から手首近くの末端まで障害がなく、途切れずにきれいに長く伸びていれば健康な生命状態である印

生命線

生命力や体調、健康状態など
生きていくエネルギーをあらわす生命線

　生命線は、親指と人さし指の間から手首のほうに向かってゆるやかなカーブを描きながら伸びている線です。この線はその名のとおり、本人の生命つまりは健康状態や、生きて行く姿勢、基本的な体力をあらわしています。

　長く手首まで伸びていること、くっきり深く刻まれていること、余計な線が交差していないことなどが生命線の理想ですが、めったにそんな人にはお目にかかれません。

　生命線は線そのものの状態をみるほか、障害線といわれる、生命線に交差している線やマークなども統合的に捉えて判断していくとよいでしょう。

　長くはっきりした生命線を持つ人は、バイタリティにあふれ、体力に恵まれている人です。スポーツマンにはもちろん向いていますが、どんなことにも積極的に挑戦していける人です。

　生命線が長いけれども、線が薄い場合は、疲れやすく消極的な生き方をする人でしょう。

　生命線が短い人は、内向的なタイプです。生命線が短くてもはっきりした太い線を持つ人は、短気な性格でなにかにつけて人と衝突してしまう場合があるようです。

　生命線が短くて薄い人は、体力がなく疲れやすい人。考え方も消極的になります。スポーツで体を鍛えるより、内面から気力の充実を図り、体質の改善に向けて努力されることをおすすめします。

生命線の流年法

手相の流年法を使って、年齢や時期を判断してみましょう

　流年法とはその名のとおり、年の流れをみる方法です。手相学では、手のひらに刻まれた各線は流年法を用いて判断することで"いつ頃にどのようなことが起きるか"をさらに細かく診断することができます。

　生命線は流年法を用いることで、その人の健康や体調に、いつ頃どんな変化があるのかを知ることができます。

　また、生命線上にあらわれた島紋のサインや、クロス（十字紋）やスクエア（四角紋）、生命線を横切る障害線が、生命線上のどの位置にあらわれているかをみることで、おおよそのトラブルの時期を予測することができます。

　どこにどんな線があらわれているかをみることで、障害の時期が予測できることから、事前の準備を心がければトラブルを回避することも可能であり、「大難を小難に、小難を無難に過ごすこともできる」と考えられています。

　流年法の取り方は諸説ありますが、私は師匠である秋山勉唯絵先生の方式にしたがってご紹介します。

　右の図のように、感情線の起点の高さから水平に引いた線と交差した生命線のところを10歳とします。手首までの間を右図のように3等分して年代を分けます。

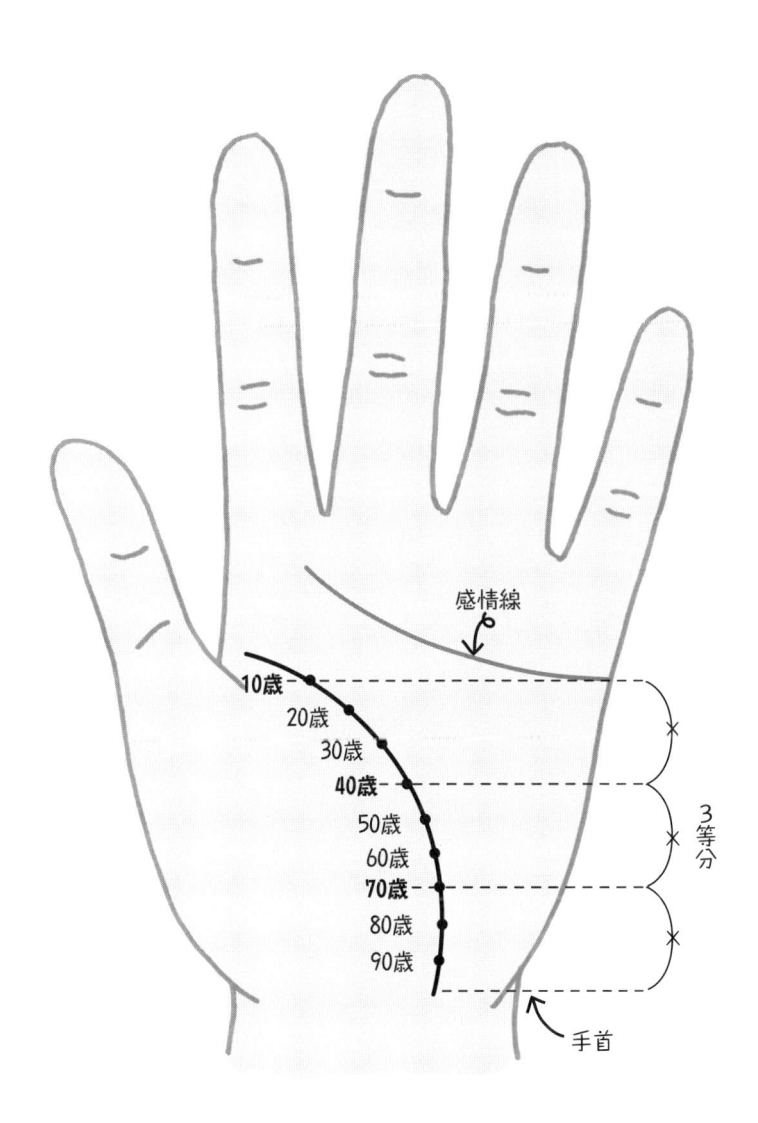

生命線

感情線

10歳
20歳
30歳
40歳
50歳
60歳
70歳
80歳
90歳

3等分

手首

生命線のカーブをみる

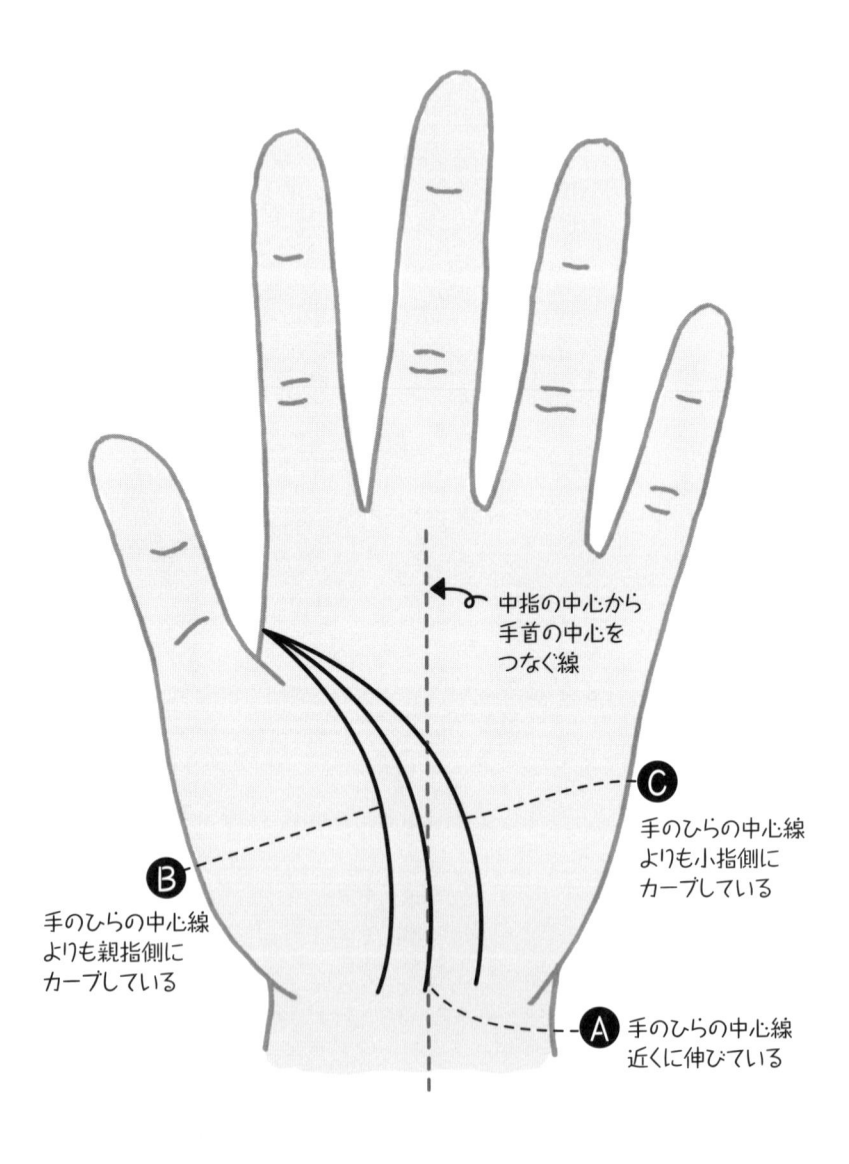

中指の中心から
手首の中心を
つなぐ線

C 手のひらの中心線
よりも小指側に
カーブしている

B 手のひらの中心線
よりも親指側に
カーブしている

A 手のひらの中心線
近くに伸びている

A 温和な性格で、協調性のある平和主義者

　手のひらを二等分にした真ん中の中心線の近くに伸びていく生命線は、もっとも多い一般的なタイプです。この生命線を持つ人は、協調性のある平和主義者。標準的な体力の持ち主です。温和な性格で人に好かれます。

B 控えめで消極的、やさしい性格の持ち主

　生命線が、手のひらの中心線よりも親指側にカーブが入り込んでいる人は、女性的な性格の持ち主で、実際に女性に多くみられるタイプです。体力はあまりなく、消極的な人。やさしい性格ですが、やや神経質で気弱なところが難点といえます。

C エネルギッシュで活力あふれる頼もしい人

　生命線が、手のひらの中心線よりも小指側の方へ大きくカーブしている場合、線が太くはっきりしているほど、体力・スタミナが十分である証です。バイタリティにあふれ、何事にも積極的。病気に対する抵抗力があり、すぐに回復します。

生命線のパターンをみる

生命線の兆候から、トラブルの時期を知る

　生命線は体調や健康状態がわかる重要な線です。長くきれいに1本伸びていれば問題はありませんが、途中で途切れていたり、島やクロス、障害線があらわれているときは注意が必要です。

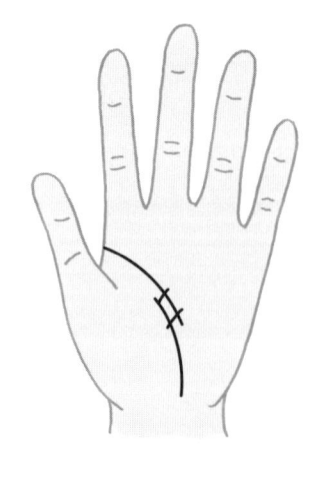

生命線の切れ間をつなぐスクエアの一紋がある

　生命線が途中で切れていても、それに重なるように生命線が伸びている人は、健康にトラブルがあっても挽回できる回復力のある人です。また、生命線同士の途切れた合間をつなぐように、スクエアの印がある場合は、不運やトラブルを乗り越えられるラッキーなサインです。生命の危機にさらされるような病気やケガなどのトラブルに見舞われても、奇跡的に救われるでしょう。

生命線

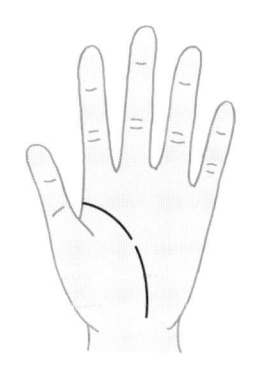

生命線が途中で切れている

健康上にトラブルがあることが予想されます。両手とも同じ位置で途切れている場合は、とくに注意が必要です。途中で途切れていても、またすぐに線が始まっている場合は、一時的なトラブルを意味します。

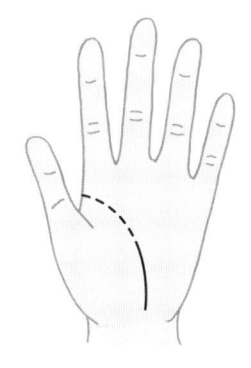

始めが切れ切れになっている

幼少の頃から若年期にかけて丈夫な体質ではありません。中年期前後からだんだん元気で丈夫な体になることをあらわします。

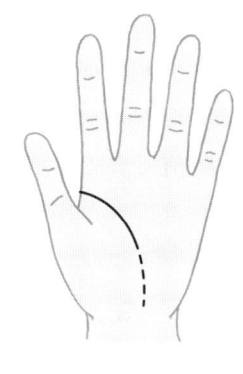

途中から切れ切れになっている

幼少の頃から若年期にかけて元気で健康ですが、成年期以降は病気やトラブルに注意が必要です。健康や体力の維持増進に心がけましょう。

生命線のパターンをみる

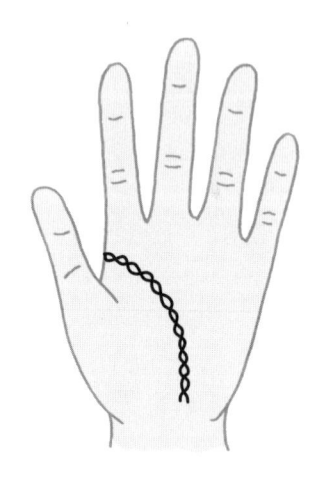

生命線の全体がくさり状になっている

　生命線が始めから最後までくさり状になっている人は、体力、気力ともに乏しく、疲れやすい状態です。呼吸器系、消化器系が弱い傾向にあり、精神的なストレスもかかえがちです。生活習慣を見直して、何事もプラス思考で過ごしましょう。気力、体力の充実を図ることが大切です。

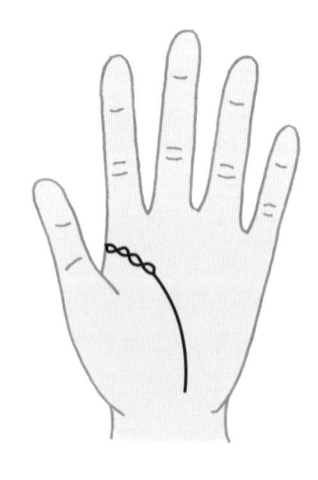

生命線の起点付近がくさり状になっている

　生命線のはじまりの部分がくさり状になっている人は、幼少時は体が弱いことをあらわします。とくに気管支や肺など呼吸器系が弱い人が多いようです。その後の生命線がきれいな1本の線に伸びていれば、健康上の問題は少ないでしょう。

生命線

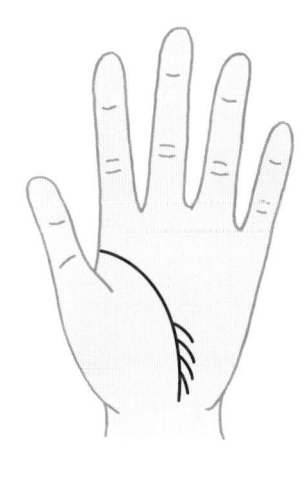

生命線から
下向きの支線が出ている

　生命線の中ほどから、下向きの線が何本も出ているのは過労線といいます。病気ではないけれども、何となく体の調子が悪いような状態を示します。精神をすり減らし、神経が過敏になっている場合が多いようです。ストレスを減らすようリラックスを心がけて、体調の改善を図りましょう。

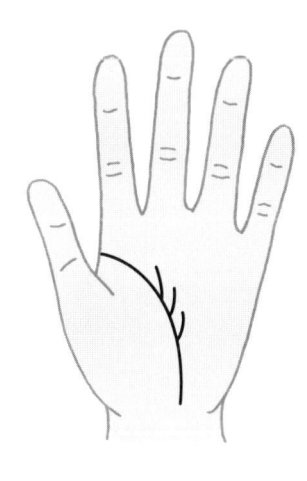

生命線から
上向きの支線が出ている

　生命線の中ほどから、上向きの線が何本も出ているのはよい兆しです。スタミナも十分で気力に満ちたポジティブな状態をあらわします。人さし指に向かう支線は向上線です。努力次第で開運のチャンスに恵まれるでしょう。中指や薬指に向かう支線は開運線で、夢がかなう、努力が実るなど開運を意味します。

生命線のパターンをみる

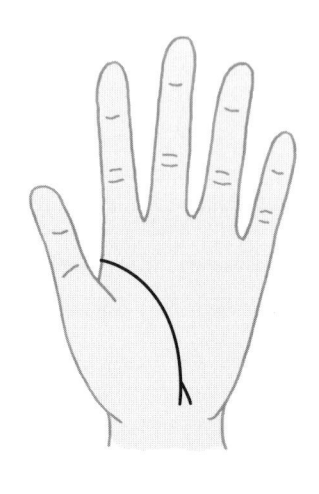

末端が2本に枝分かれしている

　生命線の末端の部分が2本に枝分かれしているのは、過労や病気など健康上にトラブルがあることを意味しています。ストレスなども心配されます。晩年に病気がちな傾向をあらわすので、若い頃から健康管理を万全に心がけていくとよいでしょう。

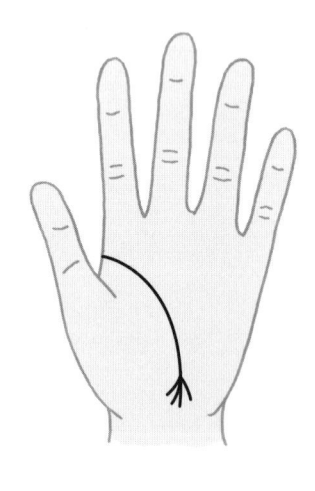

末端が数本の房状に枝分かれしている

　生命線の末端が数本の線に枝分かれして房状になっている場合は、かなりの体調不良をあらわしています。体力、精神ともに疲れている状態です。ストレスフルな生活や暴飲暴食を避け、日頃から規則正しい生活を心がけましょう。はやめに休息をとり、栄養や睡眠を十分にとって体力の回復をはかりましょう。

生命線

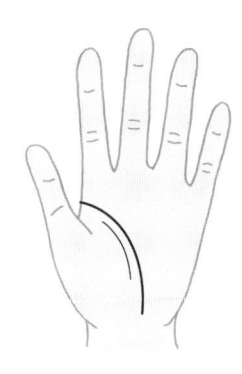

生命線が2本ある

　生命線の内側にもう1本の線が並行している場合、この線二重生命線といいます。この線を持つ人は体力があり、たとえ病気になっても回復する力がある人です。体力、スタミナともに充実していて、体質的に丈夫な人といえるでしょう。

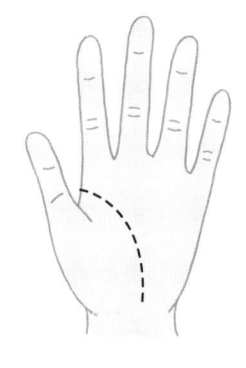

切れ切れになっている

　体質的に体が丈夫なほうではありません。体力、スタミナともに低下している状態で、疲れやすくなっています。病気にかぎらず、事故や怪我にも注意が必要といえるでしょう。

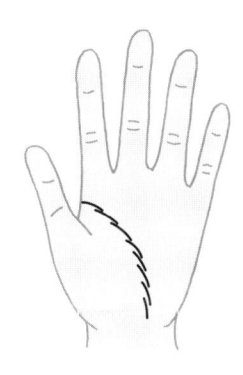

切れ切れでも
重なり合うようになっている

　繊細な神経の持ち主です。スタミナがあり、自身の力で回復できる体力があります。病気やケガなどのトラブルで、体質が変化することをあらわしています。

生命線にあらわれるサインをみる

生命線上を横切る障害線

　生命線を横切る線を障害線と呼びます。障害線はくっきりした濃い線ほど注意する必要があります。突発的な病気やケガなどのトラブルに見舞われることがあります。日頃から病気の検診に注意を払うとよいでしょう。障害線が薄い場合は、あまり気にすることはありませんが、虚弱体質である場合や慢性病をかかえている場合があり、本来の体調ではないことが多いようです。

生命線上の島紋・
トライアングル（三角紋）・クロス（十字紋）

　生命線上にあらわれる島紋、トライアングル（三角紋）、クロス（十字紋）は、いずれもよい意味はなく、健康上の危険信号をあらわしています。体調が万全でなく、体力、気力が落ちているため、生活や仕事も発展を望めず、停滞した状態になるでしょう。生命線上にこのようなサインのある時期は、健康に注意して体調を整え、不運な時期を乗り切れるよう心がけましょう。

生命線

トライアングル
（三角紋）

生命線上にあらわれる
トライアングルは健康
の危険信号です

障害線

病気やケガ、事故
など障害やトラブ
ルを意味します

島紋

トラブルや障害による
長期のスランプをあら
わします

クロス
（十字紋）

思いがけない災難やト
ラブルをあらわします

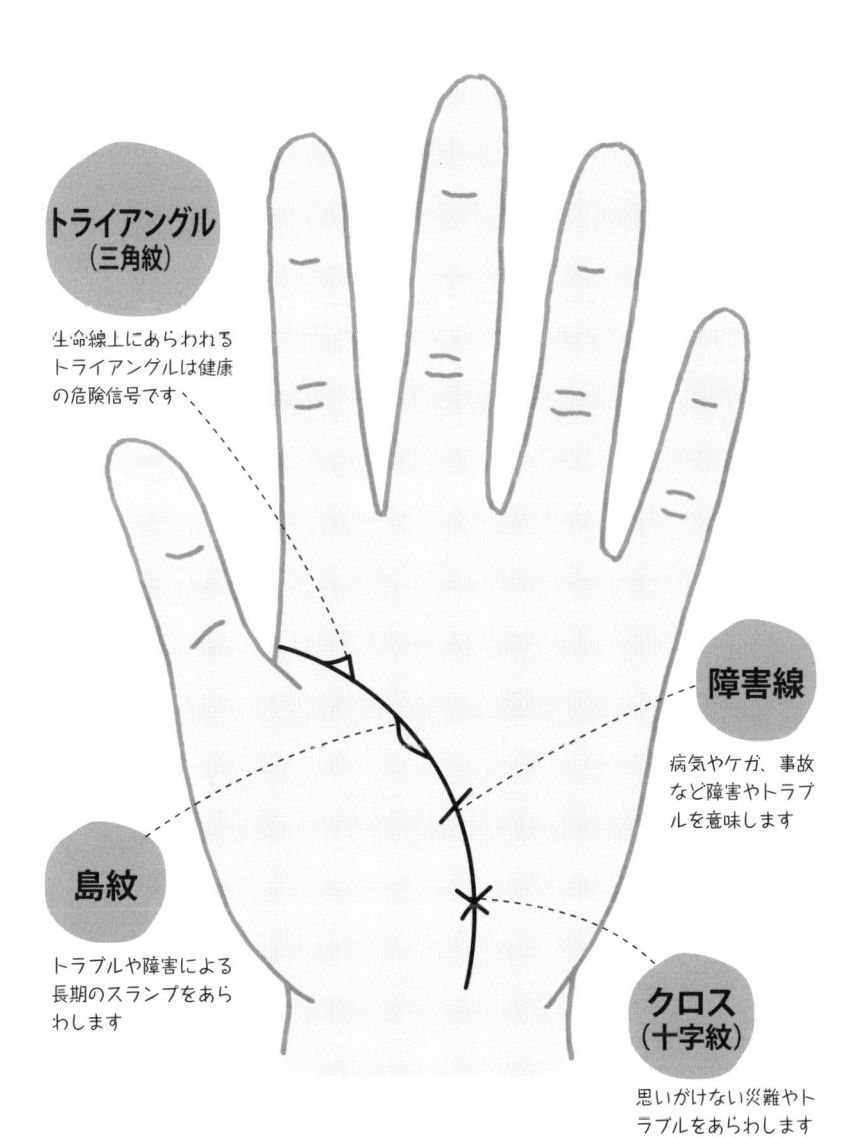

才能や思考をあらわす頭脳線

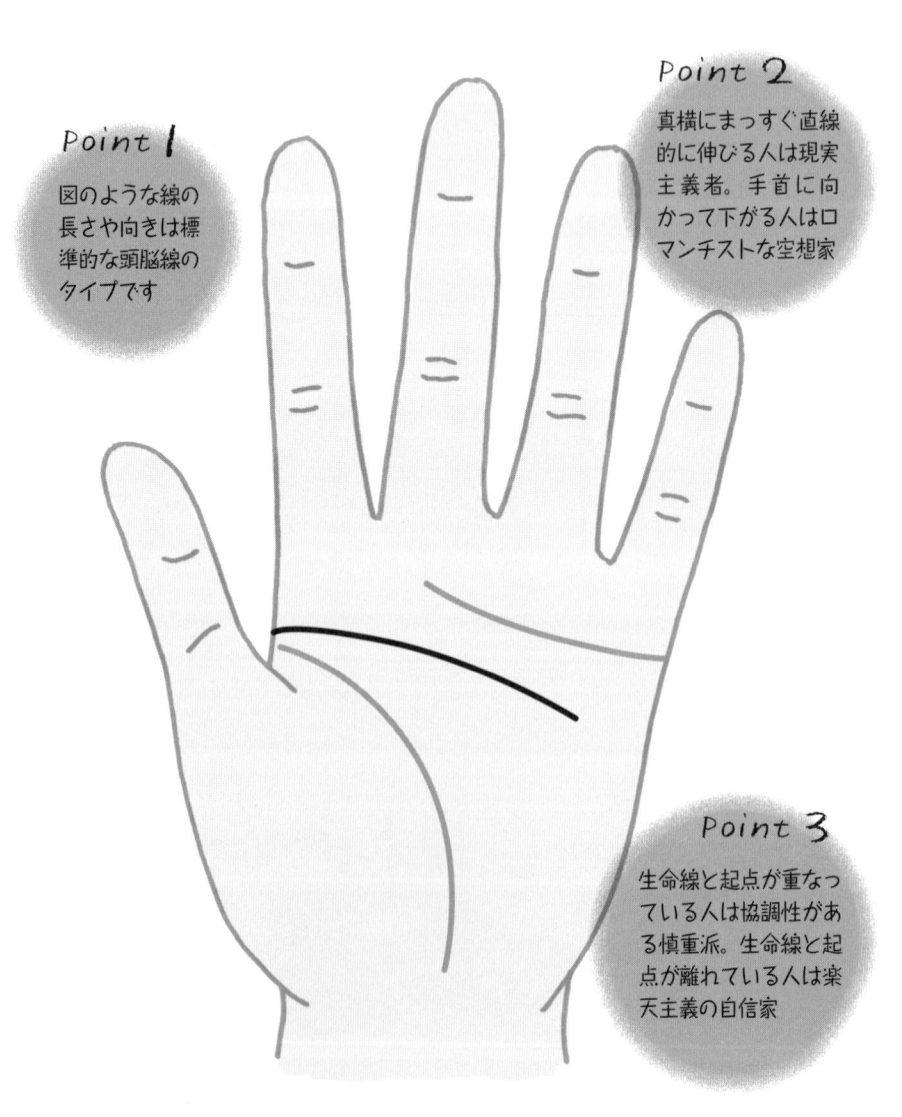

Point 1
図のような線の長さや向きは標準的な頭脳線のタイプです

Point 2
真横にまっすぐ直線的に伸びる人は現実主義者。手首に向かって下がる人はロマンチストな空想家

Point 3
生命線と起点が重なっている人は協調性がある慎重派。生命線と起点が離れている人は楽天主義の自信家

思考や考え方の傾向だけでなく、
性格や適職もわかる頭脳線

頭脳線

　親指と人さし指の間にある生命線の起点と同じ位置か、生命線の起点に近いところから手のひらを横切るようにななめに伸びている線です。

　頭脳線はその人の性格や物事に対する考え方、生まれ持つ才能や仕事に関する能力などをあらわす線。仕事運や社会に対する姿勢をみることができます。思考のパターンや、性格、才能、得意能力が総合的にわかれば、その人に向いている適職がみえてくるでしょう。

　頭脳線は、生命線と1センチほど重なって始まっているのが一般的なタイプです。生命線と頭脳線の重なり方によって、思考と行動のバランスをみることができます。頭脳線が生命線と重なっている部分が多いほど、思慮深く慎重な人。頭脳線と生命線の起点が離れている人は、常識にとらわれない自由な発想をする行動派です。

　頭脳線の長さは、思慮深さや考える時間をあらわします。長く伸びている人は、熟考して物事の判断に時間をかけるタイプ。何事も行動に移す前にじっくりとよく考えます。短い頭脳線を持つ人は、思い立ったらすぐに行動するタイプ。じっくりと考えて行動することはやや苦手です。失敗することもあるかもしれませんが、楽観的な性格なのでトラブルにあっても立ち直りがはやいでしょう。頭脳線の長短は、能力や思考の善し悪しを決めるものではありません。

起点で生命線との関わりをみる

親指と人さし指の間にある生命線と頭脳線がどのように関わっているかをみます。生命線と頭脳線の起点の様子から、その人の性格や思考の傾向が読みとれます。

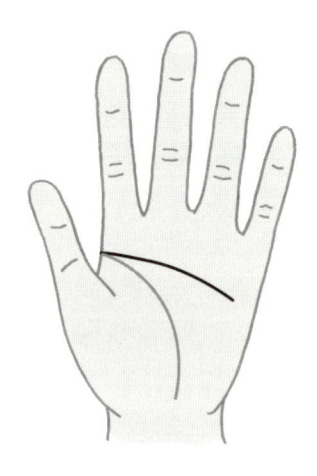

生命線と頭脳線の起点が同じ場所から伸びている

もっとも一般的なタイプで、協調性がある常識人。性格はバランス感覚に優れ安定しています。順応性があり温厚で、組織ではその優れた能力を発揮することができるでしょう。親との縁が深い人でもあります。

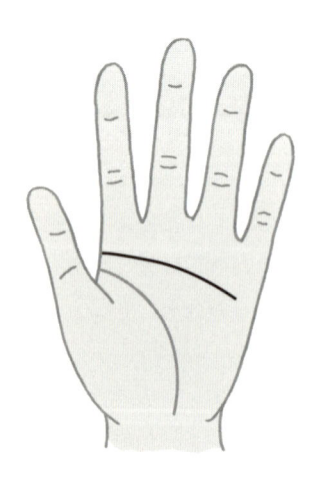

生命線と離れた起点で独立して伸びている

人さし指に近い部分で、生命線と離れた位置から伸びている頭脳線を持つ人は、独立精神が強く、リーダーシップを発揮できる人。一つの概念や常識にとらわれることがなく、自由なアイデアや直感にまかせて行動する個性的なタイプです。

頭脳線

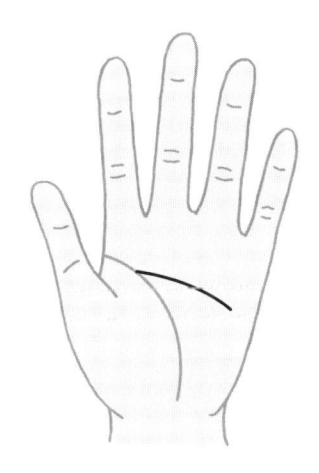

生命線と接触する部分が長く頭脳線が途中からあらわれる

　生命線と1.5センチ以上重なっている頭脳線は用心深く思慮深い、慎重な性格の持ち主です。冷静沈着で緻密な判断をしますが、慎重になりすぎて優柔不断になり、チャンスを逃すこともあります。家族との縁が深く、誰かに依存する傾向もあります。

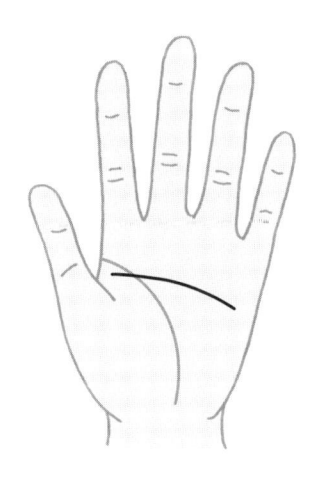

生命線の起点よりも親指に近い位置から伸びている

　頭脳線が、生命線よりも親指に近いところから始まる線は比較的に少ないタイプです。神経が過敏で警戒心が強く、感情的になりやすい人。優柔不断で慎重な性格の持ち主です。優れた芸術的センスもそなえています。

頭脳線の長さをみる

薬指から手首の中心に向かって縦に線を引きます。その基準線よりも頭脳線が長いか、短いかを判断基準にします。

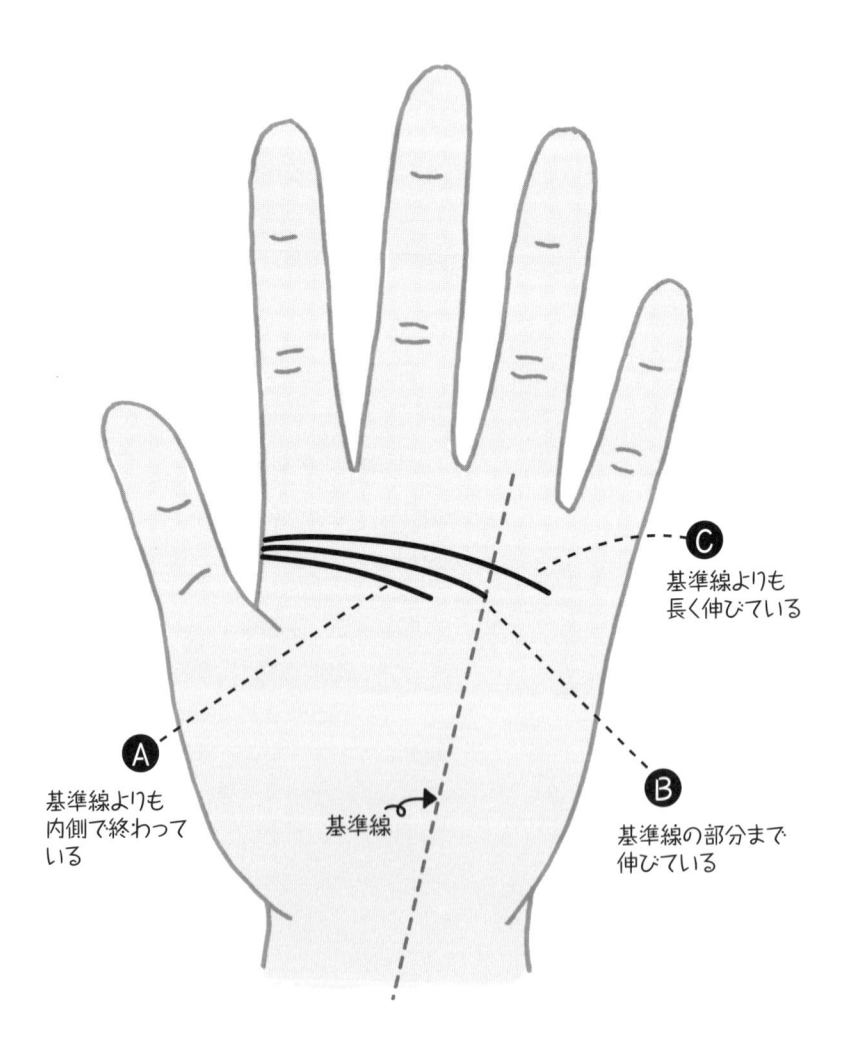

A 基準線よりも内側で終わっている

基準線

B 基準線の部分まで伸びている

C 基準線よりも長く伸びている

頭脳線

A 頭脳線が基準線よりも内側で終わっている

　短い頭脳線を持つ人は、ややせっかちで短気な性格です。明るく聡明で頭の回転がはやく、合理的な処理能力に優れているタイプです。豊かな発想力で、アイデアをすぐに実行に移す能力があります。コミュニケーション力があり、話術に長けた社交家でもあります。

B 頭脳線が基準線の部分まで伸びている

　標準的な頭脳線の長さです。柔軟性があり、順応性も高く、どんな環境でも協調性をもってやっていけるでしょう。頭脳線は知識や知恵がそなわると長く伸びていくことがあります。まっすぐ直線的に伸びている人は理科系の能力に優れています。

C 頭脳線が基準線よりも長く伸びている

　長い頭脳線は、思慮深くじっくり考える熟考型。物事を深く追求して考える研究者的な気質を持っています。情報収集や確認作業で判断に多くの時間をかけるため、優柔不断に思われることもあります。緻密な頭脳の持ち主ですが、思い込みが激しい一面もあります。

頭脳線のパターンをみる

頭脳線の起点から線がどのように伸び、終点の位置がどの場所にあるかをみます。

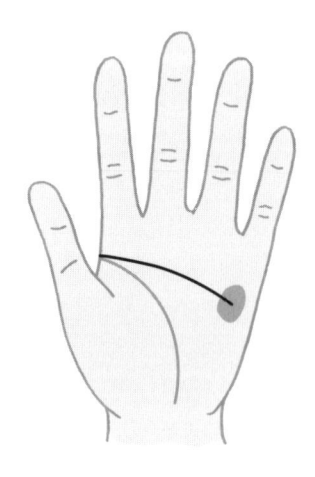

頭脳線が第二火星丘あたりで終わる

頭脳線が感情線に近い上方部分で伸び、第二火星丘の付近で終わっている人は、現実的な考え方をします。計算が得意な理論派で、合理的な判断をします。物欲が強くなりすぎて、周りから敬遠される一面もあります。創造力があり、アイデアを現実にする才能もある人です。

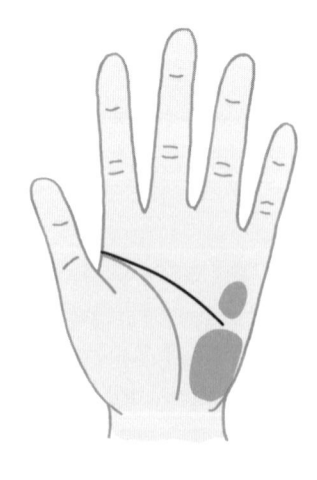

頭脳線が月丘の上部付近で終わる

頭脳線が、感情線と手首の間のちょうど真ん中くらい、月丘の上部あたりに伸びている人は、協調性のある常識人。冷静な判断力と積極的な行動力の持ち主です。聡明な性格で、芸術の分野でも優れた能力を発揮できます。

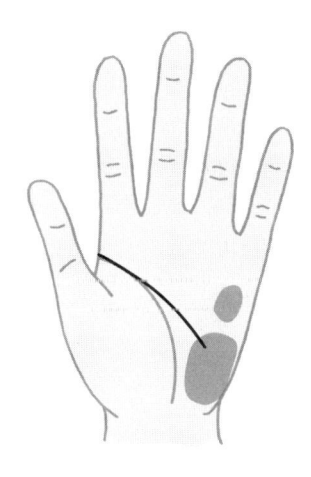

頭脳線が
月丘の真ん中近くで終わる

　月丘の中心あたりに伸びている人は、豊かな感性の持ち主です。想像力にあふれる空想家。直感やひらめきが冴えるアイデアマンですが、理想が高く、夢見るロマンチストでもあります。音楽や文学、美術など芸術の才能に恵まれています。

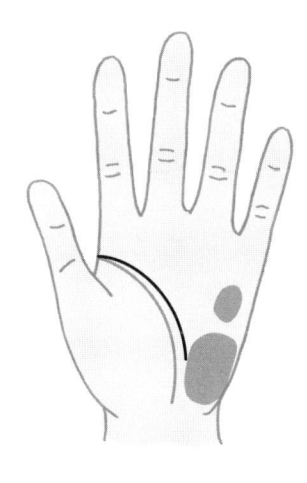

生命線の近くまで下がり
伸びている

　頭脳線が生命線の近くまで下がって伸びていたり、生命線に頭脳線の終点が入り込んでいる人は、神経質で思い込みの激しいタイプです。引っ込み思案な性格で、ネガティブな思考の持ち主が多く、性格的に暗い印象を与えてしまうことがあります。

頭脳線のパターンをみる

頭脳線の終点がどのようになっているか、支線がどのように伸びているかをみます。

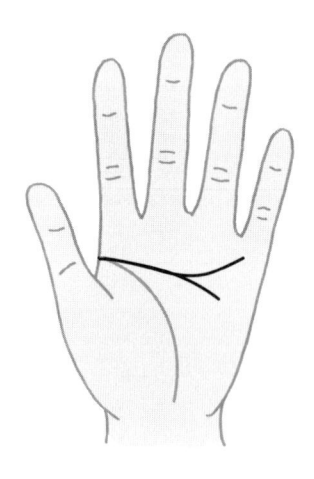

頭脳線が小指方向に分かれて伸びている

頭脳線が中指の下辺りで2本に分かれ、1本が小指の方向に伸びているタイプの人は、お金儲けが上手で事業家向きです。何事も慎重な性格ですが決断力があり、大きなチャンスをものにできる才能に恵まれています。

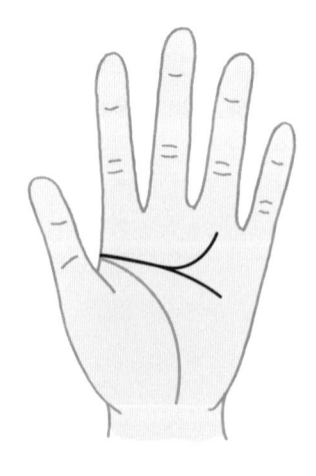

分かれた頭脳線が薬指の方へ伸びている

頭脳線の先端が分かれ、1本が薬指の方向に伸びている人は、類い稀な芸能・芸術的才能の持ち主です。第六感があり、神秘的な事柄に興味を持つ人も多いようです。

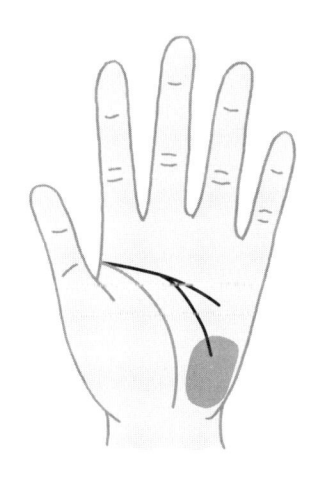

頭脳線

まっすぐ伸びた頭脳線が分かれて月丘へ伸びている

　横に伸びた頭脳線が枝分かれして、月丘に向かう支線をもつ人は、現実的な思考とロマンチストな面を持ち合わせているタイプ。理想と現実のバランス感覚に優れています。物事を分析する判断力に長け、頭がよく活動的で商才があります。

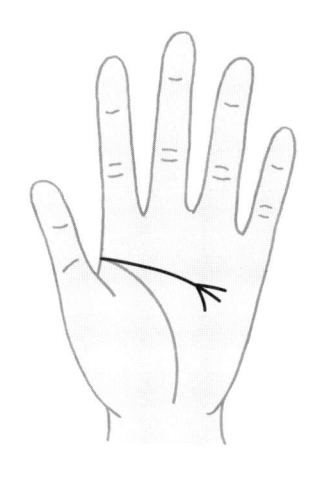

頭脳線の先端が3本に分かれている

　頭脳線の先端が3本に分かれている人は、明るい楽天家です。大きな野心を持ち、社会で活躍します。多芸に優れていますが、長続きせず、根気はあまりありません。頭部の怪我や神経系のトラブルも心配ですので、注意が必要です。

頭脳線のパターンをみる

頭脳線から出ている支線をみてみましょう。支線は心の動きをあらわすことが多く、上向きと下向きで支線の意味が異なります。

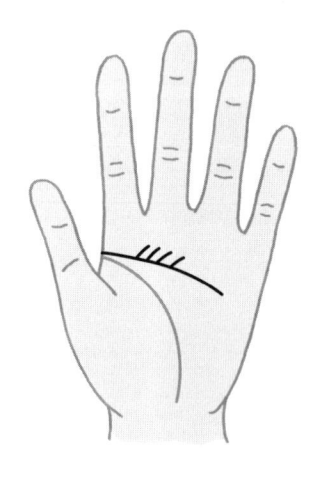

頭脳線に上向きの支線がある

頭脳線に上向きの短い支線が何本もある人は、気力が充実していてやる気満々の状態です。積極的に物事にあたる行動的なタイプです。明るくオープンで個性的な性格の持ち主。ライバルがいるほど闘争心に燃えます。

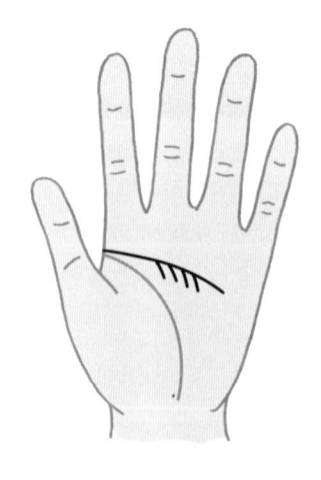

頭脳線に下向きの支線がある

頭脳線に下向きの短い支線が何本もある人は、やや神経質で何事にも消極的なタイプです。気を使いすぎる傾向があり、問題を一人でかかえ込み、取り越し苦労に終わることもよくあります。他者の意見にしたがい、相手に合わせようとするタイプです。

頭脳線

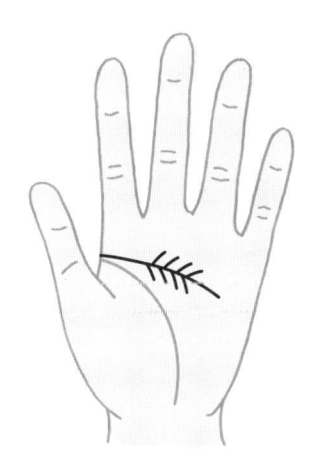

頭脳線の上下に支線が出ている

　頭脳線に上向き下向きの上下の短い支線が何本もある人は、とても器用なタイプです。何事も真剣に前向きに取り組む人。順応能力に優れていて人に好かれるタイプです。しかし、支線が多すぎたり、乱れている場合は、ストレスや気苦労が多い人です。

【開運！ 手相ミニ知識　その三】

上昇線が長く伸び、運命線、太陽線がまっすぐ伸びる

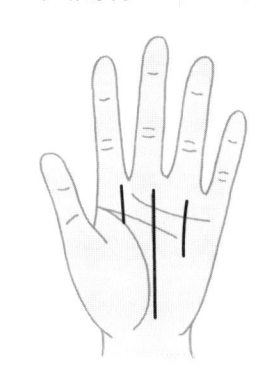

大器晩成型の手相

　生命線から、人指し指の方向に向かって縦にまっすぐ伸びる上昇線が長くあらわれている人は、努力や経験が認められるよい兆しです。太陽線がきれいにまっすぐ伸びている人は、能力を発揮して開運に向かっていける人。また、運命線が１本の線でくっきりと伸びていれば強い運の持ち主です。

頭脳線のパターンをみる

　頭脳線の状態をみることで、病気やケガなどトラブルのサインを読みとることができます。右ページの頭脳線と感情線が1本になった"マスカケ"は稀にみる手相ですが、非常に個性的な性格の持ち主といわれています。

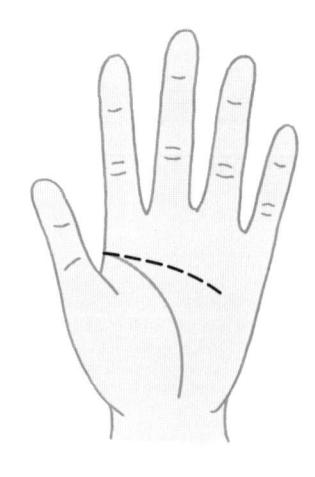

頭脳線が切れている

　線全体が切れ切れになって続いている頭脳線を持つ人は、短気で飽きっぽい性格の持ち主です。一つのことに集中してやり遂げることは苦手のようです。気が短く、判断は即断即決するタイプですが、チャンスを逸しやすい傾向にあります。

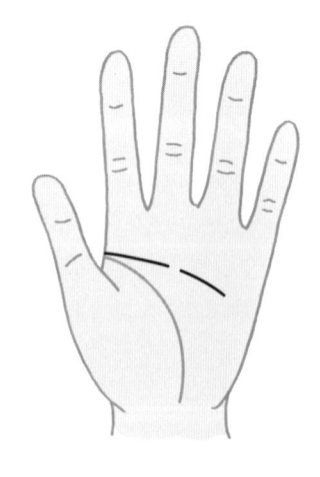

頭脳線が途切れ 線の途中で空白がある

　頭脳線が途中ではっきりと途切れている線の状態は、事故や病気など大きなトラブルを暗示しています。頭の怪我や脳の病気などに注意する必要があります。空白が大きいほど深刻さが増します。間隔が小さければトラブルも小さなものでしょう。

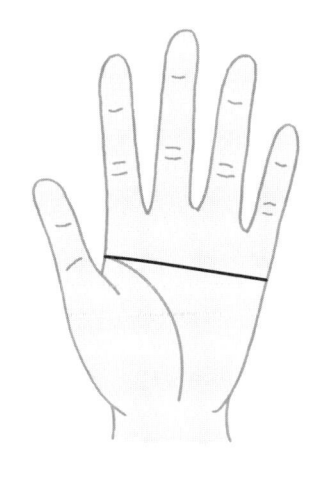

頭脳線が真横に伸びている

　親指と人さし指の間から、頭脳線と感情線が1本の線で手のひらを横切る線を"マスカケ"といいます。マスカケは特殊な才能や発想を持つ人にあらわれます。孤高の独立精神を持つ人で、生まれ持った才能を生かすことができれば、社会で大いに活躍できるでしょう。一直線に伸びる線は、何事にもまっすぐ立ち向かっていく性格を示し、融通が利かない頑固な一面があります。

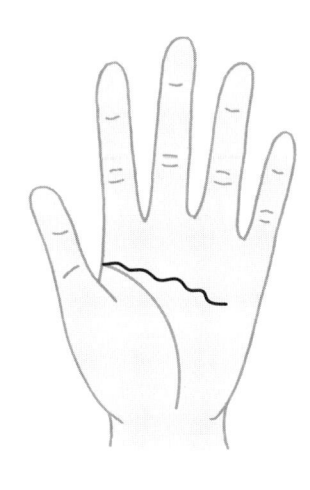

頭脳線が波形になっている

　線がふらふらとしている波形の頭脳線を持つ人は、判断する能力が低下しています。決断力が鈍くなっている状態を示します。誰かに頼りたいという依存心や依頼心が強い人。頭の回転が鈍く、自己主張をしないため、優柔不断にみられがちです。

頭脳線のパターンをみる

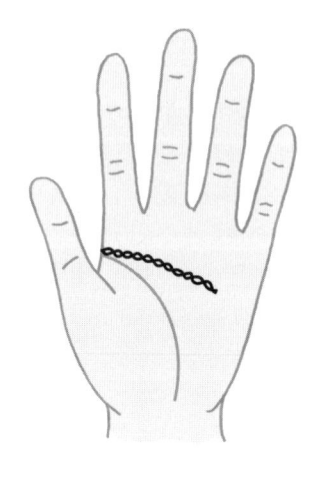

頭脳線が
くさり状になっている

　頭脳線がくさり状になっている人は、根気がなく、集中力に欠けている状態です。何事も長続きせず、すぐに途中で放り出してしまうような一面があります。情緒が不安定で、ネガティブに考えすぎる傾向にあります。

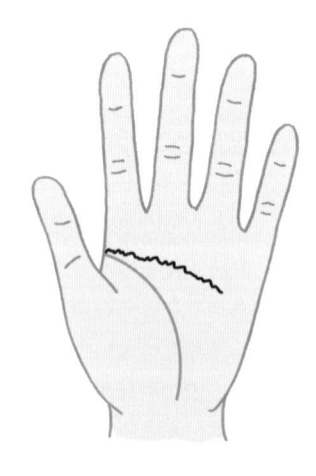

頭脳線が
ギザギザになっている

　頭脳線がギザギザのような状態に乱れている人は、神経が過敏になっていてストレスフルな状態です。神経質で、イライラ感がつのっています。コミュニケーションが上手くいかず、対人関係で苦労します。家庭内でも不和をきたすと体調不良になりやすい人なので、リラックスや息抜きのできる環境を心がけましょう。

頭脳線にあらわれるサイン

島紋

クロス（十字紋）

スター（星紋）

A 島紋

頭脳線上に島紋があらわれるのは、怪我や病気、仕事のトラブルに注意が必要なサインです。とくに頭部の怪我や病気に注意が必要です。偏頭痛など頭痛もちである場合も多いようです。

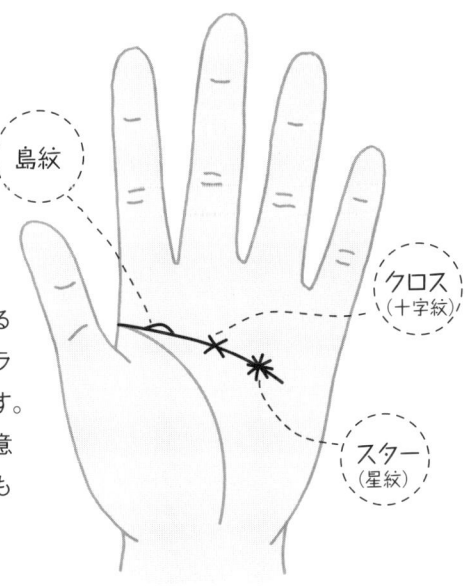

B クロス（十字紋）

頭脳線上にクロス（十字紋）があらわれるのは、島紋と同じく、頭部の事故や怪我に注意が必要です。脳関連の疾患を意味することもあります。クロスの印が、頭脳線の末端にある人は注意力が散漫である様子をあらわしています。

C スター（星紋）

頭脳線上にスター（星紋）があらわれるのは、島紋、クロスの意味と同様に怪我や病気などのトラブルに注意が必要なサインです。とくに頭脳線が生命線近くに下がった位置で、この星紋の印が出ていると思わぬトラブルの懸念もあり、要注意です。

感性や感情を司る感情線

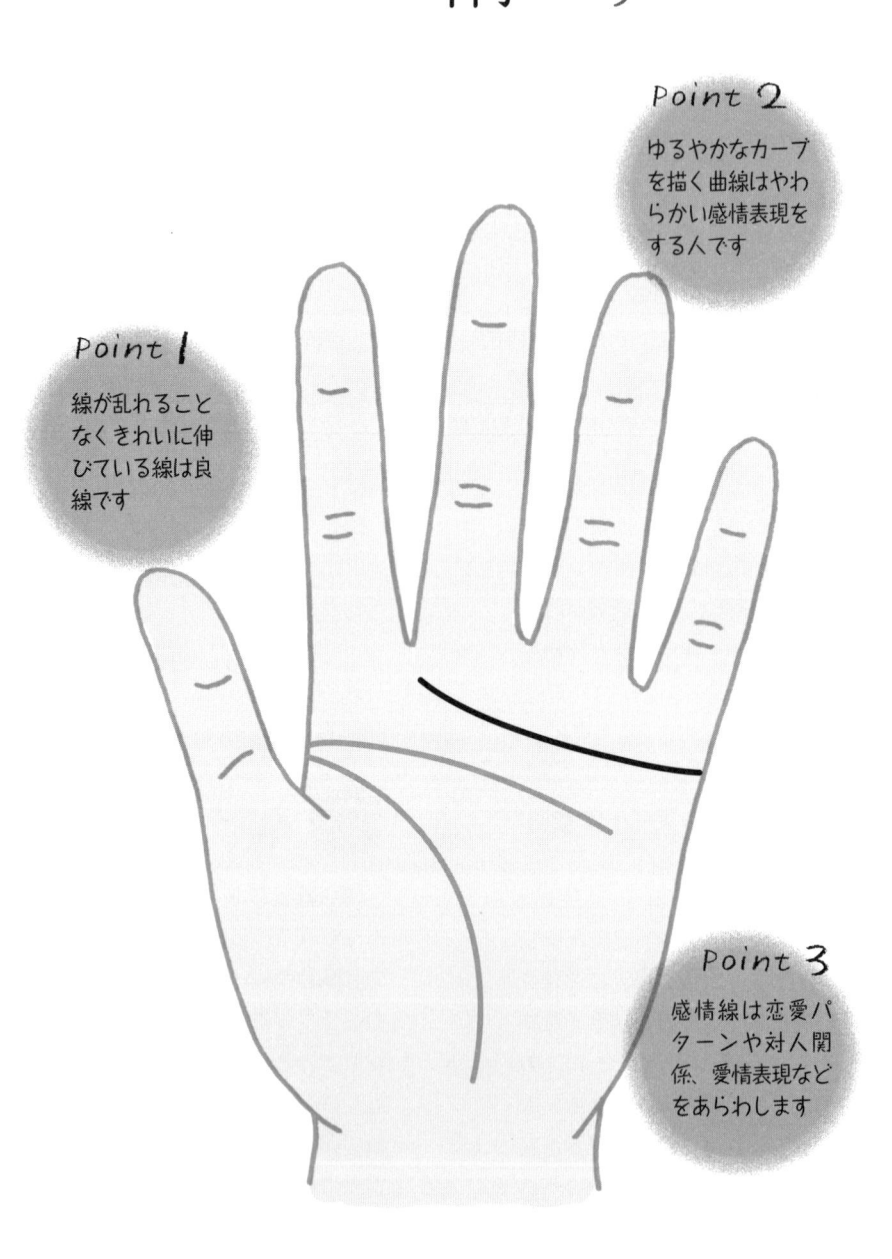

Point 1
線が乱れることなくきれいに伸びている線は良線です

Point 2
ゆるやかなカーブを描く曲線はやわらかい感情表現をする人です

Point 3
感情線は恋愛パターンや対人関係、愛情表現などをあらわします

感情や愛情、その人の性格や
メンタル状態をあらわす感情線

　小指の付け根の下付近から、中指や人さし指の方向へ横に伸びていく線です。生命線や頭脳線は親指側から始まるのに対して、感情線は小指側を起点として始まります。

　感情線は、心との関わりが非常に深い線で、その人の心模様が明らかにあらわれます。内面的な心の動きを映しやすく、非常に変化しやすい線といえます。

　線の特性をみることで、性格の本質、感情表現の仕方、異性への愛情表現の仕方、コミュニケーションの傾向から、対人関係の様子まで読みとることができます。

　また、感情線はその名のとおり感情や愛情を映し出すことから、恋人に対する考え方や恋愛傾向がわかります。感情線上にあらわれるさまざまな兆候は、異性や対人関係に深く関わる事柄が多いのも特徴です。

　感情線の長短では、物事に対する忍耐力や判断力など、性格の気質を知ることができます。一般に、感情線が短い人は即断即決で物事を判断するタイプ。感情線が長い人はじっくり腰を据えて待つ、どちらかといえば受け身のタイプといえます。異性に対する感情表現の傾向を読みとることで、その人がどんなふうにして異性と接し、自分の感情を伝えようとするのかがわかります。

　感情線は、自律神経やホルモンの影響を受けやすい線であるため、性に対する欲求や愛情の傾向も判断することができます。

感情線の長さをみる

中指から手首に向かって垂直にひいた線を基準にして、基準線よりも長いか短いか、感情線の終点がどの部分で終わっているかをみます。

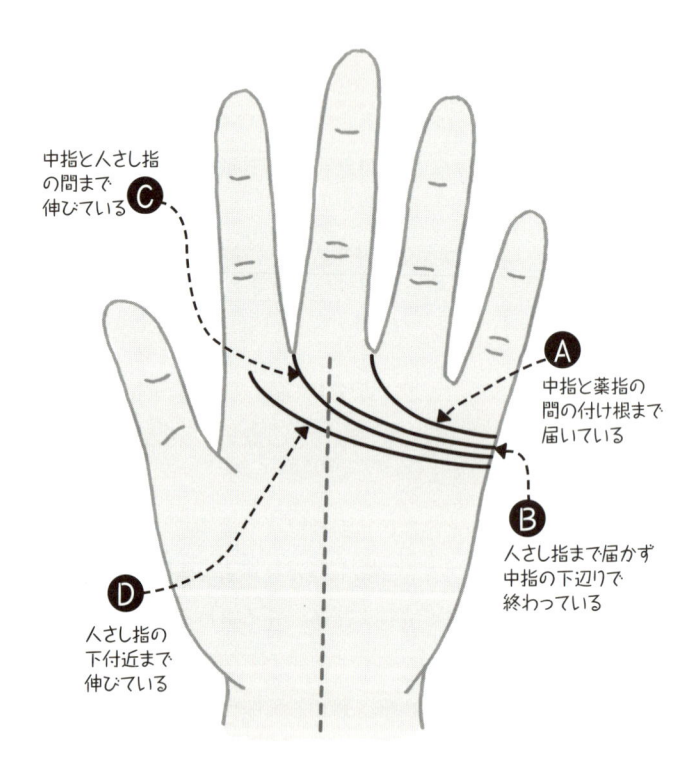

- **C** 中指と人さし指の間まで伸びている
- **A** 中指と薬指の間の付け根まで届いている
- **B** 人さし指まで届かず中指の下辺りで終わっている
- **D** 人さし指の下付近まで伸びている

A 感情線が中指と薬指の間の付け根まで届いている

鋭い感受性の持ち主で、神経質な一面があります。恋愛＝結婚と考える真面目で古風なタイプ。遊びや不倫の恋におぼれることはありません。思いやりにあふれるあまり、おせっ

かいがすぎる傾向があり、恋愛ではやや世話女房的。

B 感情線が人さし指まで届かず中指の下辺りで終わっている

感受性が鋭く、敏感な感性の持ち主です。やや協調性に欠け、自己本位な考え方をします。聡明で執着心が少なく、新しいものが好き。熱しやすく冷めやすいタイプです。内面は情熱的で好き嫌いが激しい人ですが、外面はクールで表情や態度にはあらわしません。恋愛にもその傾向がみられます。

C 感情線が中指と人さし指の間まで伸びている

豊かな感受性の持ち主で、理性と感情のバランス感覚が抜群です。争いごとを嫌う平和主義者。思いやりにあふれた人で、組織ではなくてはならない存在として愛されます。恋愛では相手に尽くすタイプ。家庭に入ると女性は良妻賢母に、男性は家庭的な夫になります。

D 感情線が人さし指の下付近まで伸びている

常に冷静沈着で、理性的な人。組織の中ではリーダー的な存在で周囲に敬われますが、妥協を許さず頑固な一面が出ると孤立しやすいタイプです。理想やプライドが高く、恋愛ではやや自己中心的。結婚は遅く、晩婚の人が多いようです。

感情線のパターンをみる

感情線の状態をみることで、その人の現在のメンタリティを判断することができます。感情線はメンタルに左右されやすく、繊細で非常に変化しやすい線です。

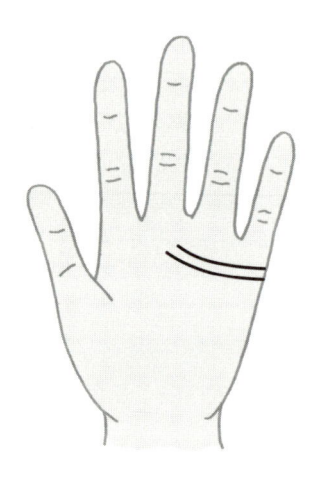

感情線が2本ある

感情線が2本並行しているのは特殊な線で、二重感情線といいます。この線を持つ人は、積極的で果敢な性格の持ち主です。豊かな感性に恵まれた、朗らかな情熱家。恋愛では、この人と決めたら一途に思います。忍耐強い努力家で、肉体面・精神面ともに強く、何があってもくじけません。

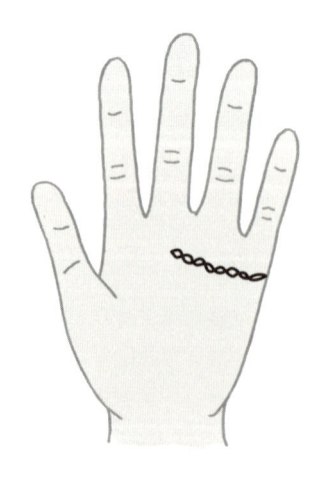

感情線がくさり状になっている

感情線がくさり状になっている人は、異性からみると大変魅力的な人でモテるタイプです。神経質でデリケートな性格の持ち主で、女性に多くみられます。くさり状が感情線の全体に渡っている場合は、特異な性的関心を持っている一面があります。

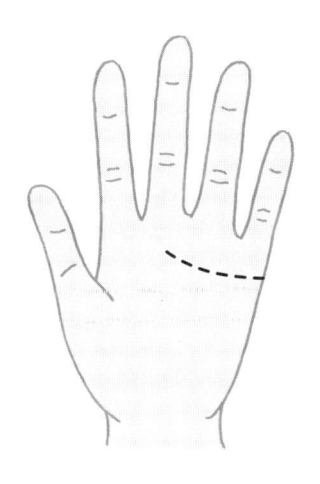

感情線が
切れ切れになっている

　感情線が途切れ途切れにつながっている人は、情緒不安定な状態をあらわしています。短気で怒りっぽくなったり、神経が過敏になっています。それゆえ、対人・恋愛面では問題が多く、自らトラブルを招いてしまうこともあります。体力が弱く、とくに心臓に注意が必要です。

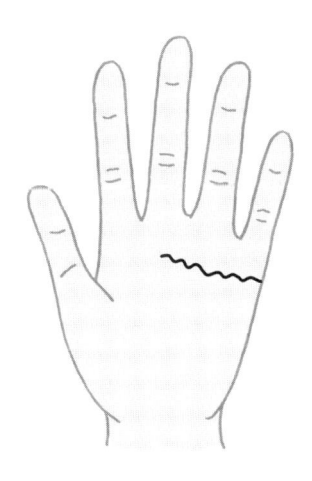

感情線

感情線が
波型になっている

　感情線がふらふらと波型になっている人は、コミュニケーションが苦手で対人関係に苦労しています。相手の気持ちや周囲の空気を読めない、やや鈍感な一面があります。感情表現や自己表現が苦手で、孤立しやすくなることがあります。

感情線のパターンをみる

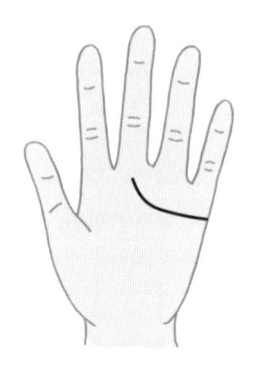

感情線が途中で急カーブして中指に向かって上がっている

頼まれたら断れないお人好しに多いタイプです。人を疑う注意力や警戒心がなく純粋な性格ですが、だまされやすい一面があります。安易な態度や行動で、対人面・恋愛面でトラブルをかかえ込まないよう気をつける必要があります。

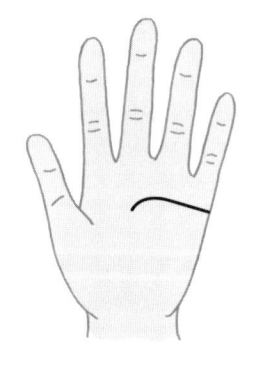

感情線が中指の下向きに下がっている

優しさにあふれた人で自己犠牲をいとわないタイプです。やや感傷的になりすぎる一面もあります。

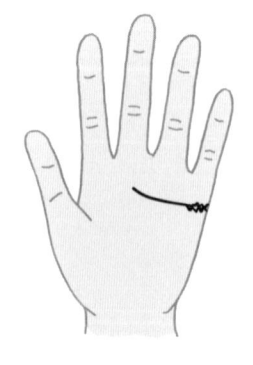

感情線の起点が乱れている

感情線の起点に細かい線がたくさんあり乱れている人は、心臓機能が低下していたり、血管関連の障害やトラブルに注意が必要なサインです。

感情線

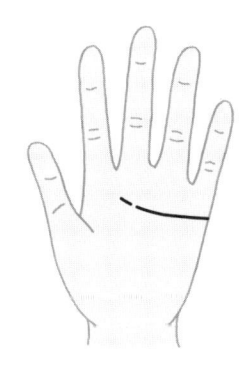

中指の下あたりに切れ目がある

　伸びている感情線上で、中指の下あたりで切れ目がある人は、本人の意思と関係のないところで愛情問題に障害やトラブルがあるサインです。

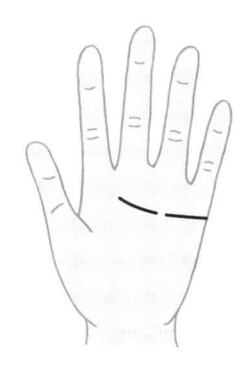

薬指の下あたりに切れ目がある

　自己のプライドを傷つけられたという思い込みから、愛情問題の破綻が訪れることを意味します。自分自身の愛情が冷めていくことをあらわします。

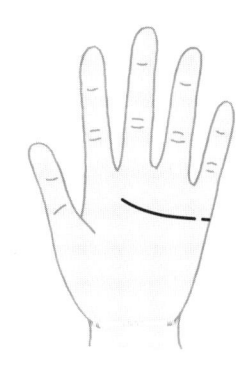

小指の下あたりに切れ目がある

　自己中心的な考え方や、わがままな言動が一因して、愛情関係が終わりを告げようとしています。身勝手な行動や浮気など、自分の過ちで破局することを意味します。

感情線のパターンをみる

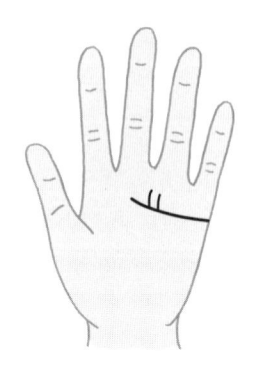

感情線に上向きの支線が2本出ている

上向きの線が2本あらわれている人は、有言実行の人。冷静さと情熱を兼ね備え、誠心誠意で物事にあたります。周囲から頼りにされる人です。

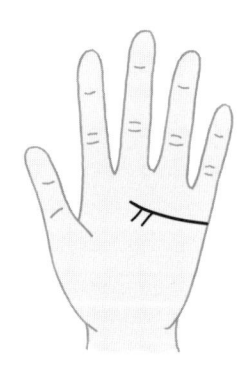

感情線に下向きの支線が2本出ている

この線があらわれている人は、理性を重んじ、周囲から信頼されます。順応力に優れた協調性があるタイプです。

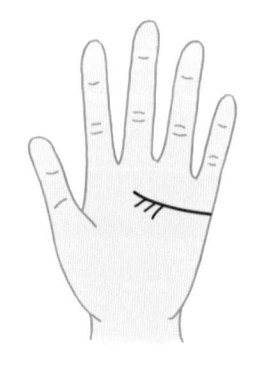

感情線に下向きの支線が3本出ている

相手の気持ちをくみ、その場の空気を読むことに長けている人。社交的センスが抜群に優れているタイプです。頭の回転がはやく機転がきくため、何をしてもそこそこ上手くいきます。

【開運！ 手相ミニ知識　その四】

金星環があり
影響線が複数ある

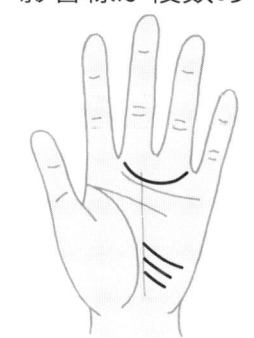

**異性に
モテる手相**

金星環がきれいな曲線を描いてあらわれている人は、豊かな感性の持ち主。美的センスにあふれ、社交性に長けた魅力的な人です。影響線がたくさんあらわれている人は、異性から関心を受けやすい人。同時に複数の異性から好意を持たれます。

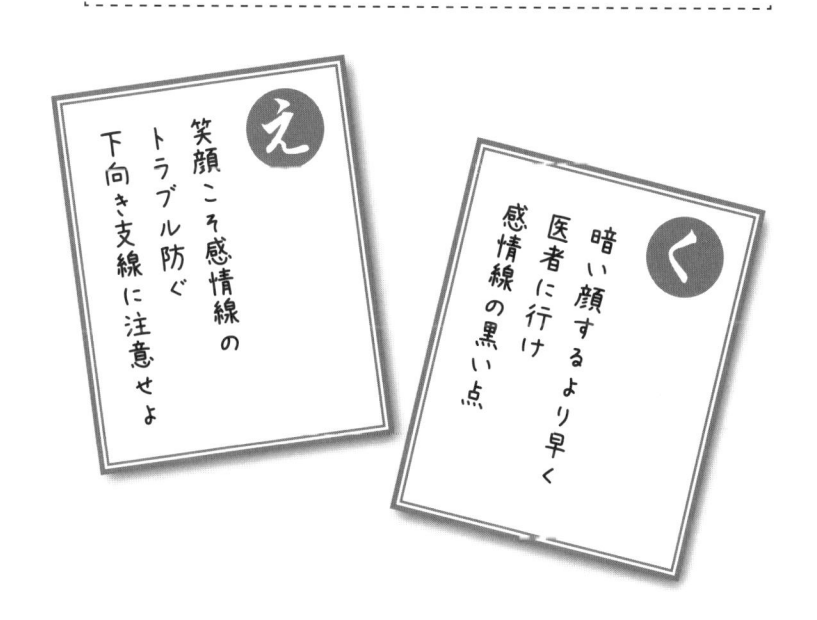

感情線

え
笑顔こそ感情線の
トラブル防ぐ
下向き支線に注意せよ

く
暗い顔するより早く
医者に行け
感情線の黒い点

感情線のパターンをみる

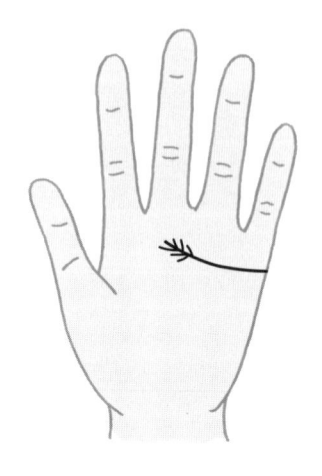

感情線の先端に上下の支線が複数ある

感情線の末端部分に、上下の支線がたくさん出ている人は、コミュニケーション能力が豊かで社交的な性格です。柔和な温かい人柄で、愛情豊かな人です。

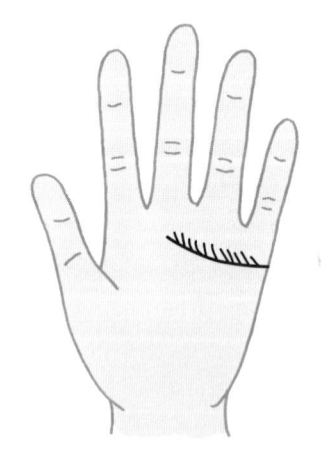

感情線に上向きの支線がたくさんある

感情線に上向きの支線がたくさん出ている人は、明るく朗らかな性格の持ち主。異性を惹きつける魅力にあふれています。やや自己中心的な一面があり、愛情問題でトラブルをかかえやすいので注意が必要です。

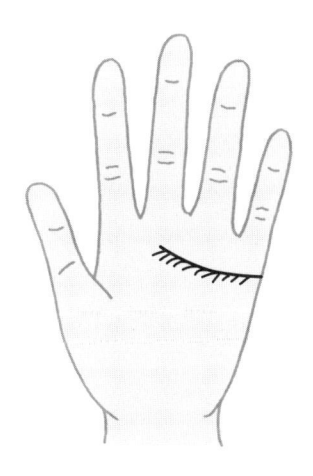

感情線に
下向きの支線がたくさんある

　感情線に下向きの支線がたくさん出ている人は、感性が鋭く神経質な性格の持ち主です。思い込みが激しい一面があり、恋愛では恋が思うように成就しにくい傾向があります。

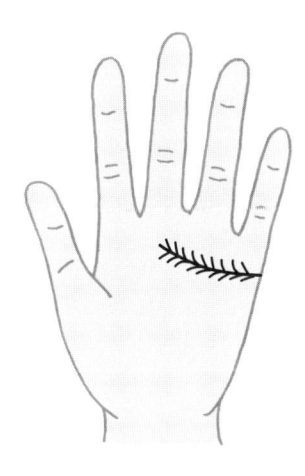

感情線

感情線に
上下の支線がたくさんある

　感情線に上下の支線がたくさん出ている人は、精神状態にムラがあり、やや気分屋なタイプです。相手への気配りはできる人なので、情緒をコントロールできればコミュニケーションが円滑にできるでしょう。

感情線のパターンをみる

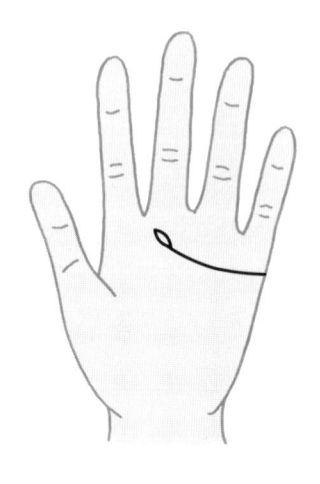

感情線の先端に島紋が出ている

感情線の先端に島紋が出ている場合、人間関係でトラブルがあることをあらわしています。トラブルは被害者の立場になりやすいので注意が必要です。

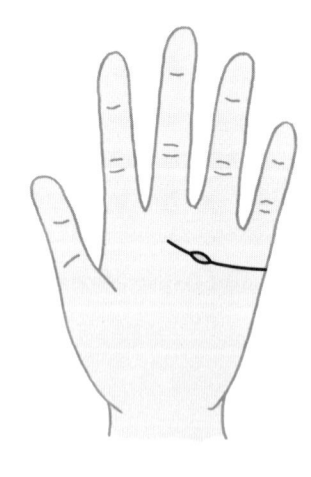

感情線上に島紋があらわれている

感情線上の途中で島紋があらわれている場合は、病気やケガなどのトラブルに注意が必要なサインです。同じく、感情線上にシミなどの点があらわれた場合は、とくに心臓関連の病気やトラブルに注意が必要です。

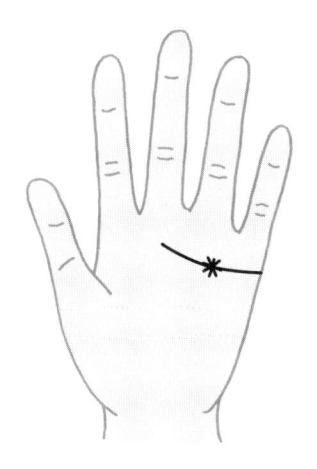

感情線上に
スター（星紋）が出ている

　感情線上にあらわれるスター（星紋）は、親しい人との別れを意味しています。星紋はよいことの到来を示すラッキーサインといわれますが、感情線上のものはそうではないようです。

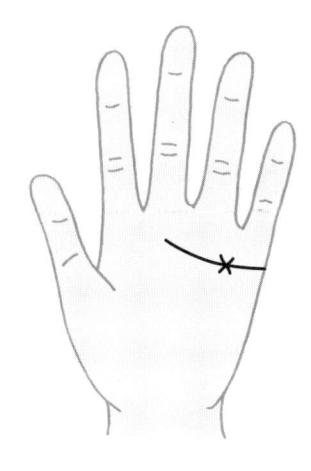

感情線

感情線上に
クロス（十字紋）が出ている

　感情線上にあらわれるクロス（十字紋）は、突発的な病気や事故、ケガなどのトラブルを意味しています。また何らかの障害により、身内や恋人との別れを示しています。

運気や人生を司る運命線

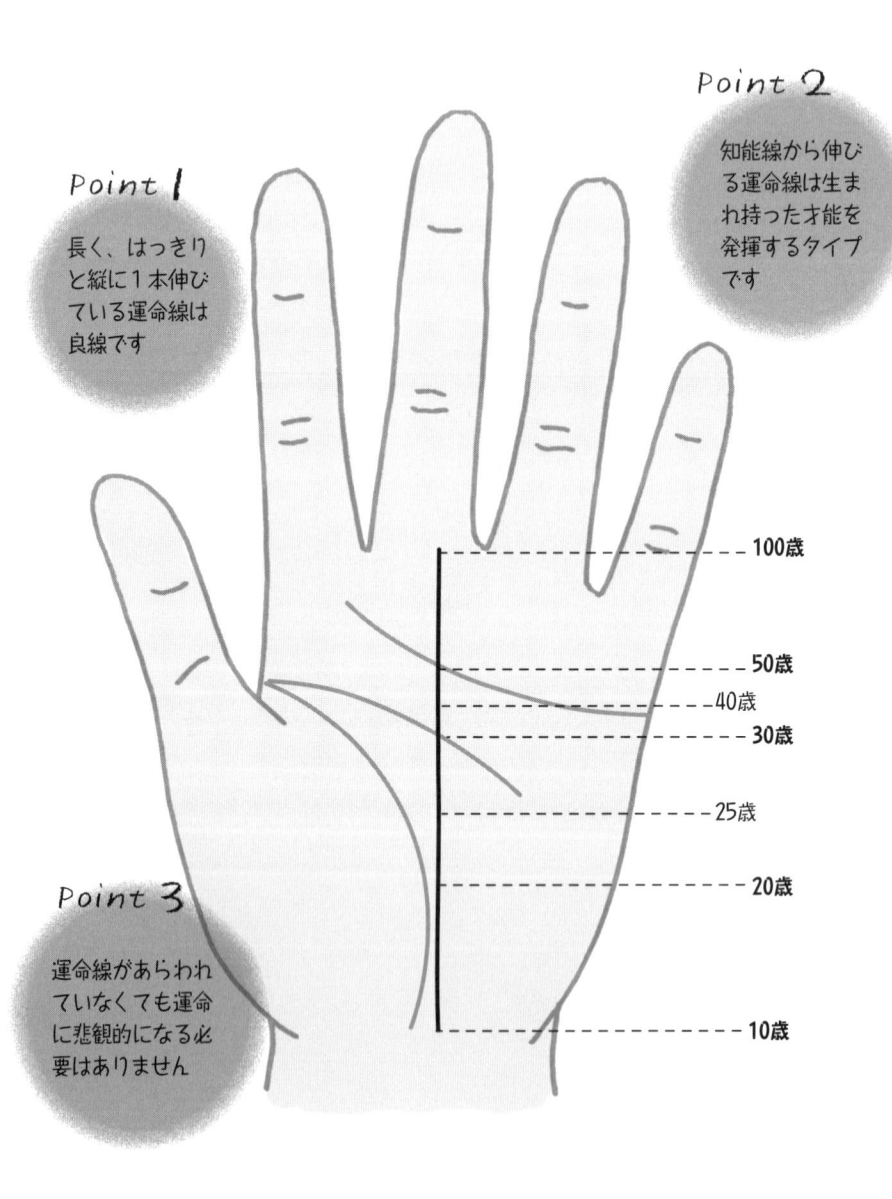

Point 1
長く、はっきりと縦に1本伸びている運命線は良線です

Point 2
知能線から伸びる運命線は生まれ持った才能を発揮するタイプです

Point 3
運命線があらわれていなくても運命に悲観的になる必要はありません

- 100歳
- 50歳
- 40歳
- 30歳
- 25歳
- 20歳
- 10歳

その人の生きる姿勢や、
運勢の流れをあらわす運命線

　運命線は、手のひらの中心を縦に中指に向かって伸びる線です。運命線は、一般に幼少を過ぎた頃からあらわれることが多いようです。長くはっきりとあらわれている人もいれば、極端に短くあらわれている人もいます。薄くはっきりとしていない運命線であったり、中にはまったくそれらしき線がみられない人もいます。けれども、運命線がないからといって悲観的になることはありません。

　運命線はその人の人生や運気の流れをあらわし、その人の肉体や精神の状態と深く関わっています。運命線はその字のごとく、人生や現在の運気を司る線。そのため、就職や結婚など人生の節目や転機を迎えると、この線に変化が如実にあらわれます。また、環境の変化によって成長を遂げていくその人の精神状態なども運命線に反映されます。

　一般に、手のひらの手首近くあたりから、中指に向かって濃くはっきりと伸びている運命線はよい線といわれます。

　運命線も生命線と同様に、流年法を用いてみると、年齢や時期を知ることができます。

　左の図のように、運命線の手首に近い先端の場所を10歳として、中指の付け根を100歳とします。運命線と頭脳線が交差する接点を30歳位とします。運命線と感情線が交差する接点を50歳位とします。手首から頭脳線までの中間点は20歳位です。

　線の状態や交差する障害線なども合わせてみると、より詳細な人生の流れを読みとることができるでしょう。

運命線

運命線の長さをみる

運命線は長く濃く、力強く伸びている線ほどよい線です。運命線がどの位置から伸びているかをみることで、運気の流れのおおよその時期や年齢を知ることができます。

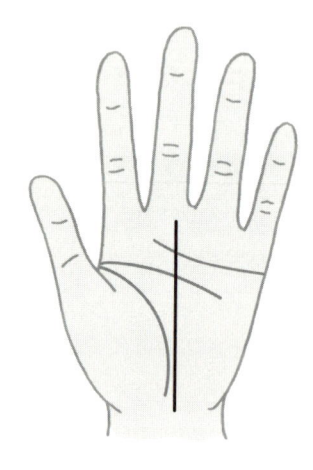

運命線が長く一直線に伸びている

運命線が、手のひらの手首近くあたりから中指の付け根に向かって一直線に長く伸びている人は、自らの努力によって人生を切り開いていく根性のある人です。手首のほぼ中心に運命線がある人は、人に頼らず、我が道を行くタイプです。

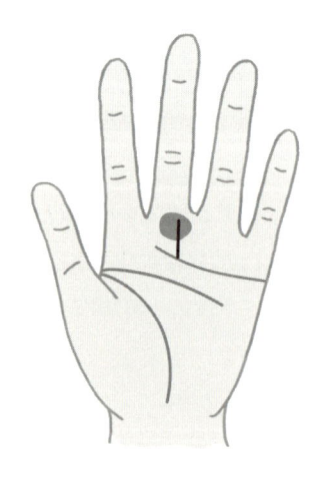

運命線が短く感情線から伸びている

運命線が短くあらわれている人は、運命線の流年法を用いて時期や年齢を判断します。感情線の上の土星丘に短くあらわれている人は遅咲きのタイプ。若い頃は苦労しますが、晩年はよい人生を送れるでしょう。

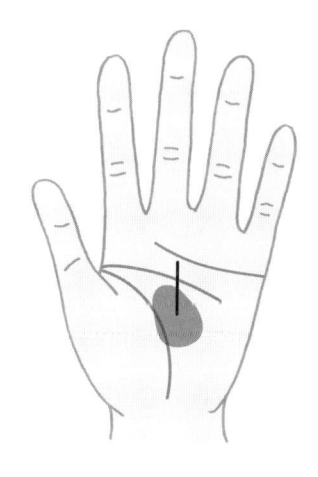

運命線が短く
火星平原から伸びている

　運命線が短くあらわれている人は、まず、運命線の流年法を用いてその時期や年齢を判断します。運命線が手のひらの真ん中の火星平原から伸びていて、その先が途切れてしまっている人は、成人〜中年期は思うような人生を送りますが、それ以降に停滞する傾向があります。

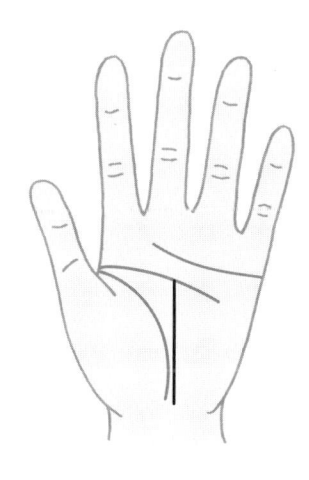

運命線

運命線が
頭脳線で終わっている

　運命線が頭脳線で終わっている場合は、若い頃は思いどおりの人生を歩みますが、30歳以降に停滞・低迷することをあらわしています。晩年も謙虚な心を忘れず、ゼロから出発する気持ちで人生を前向きに切り開いていけば、よい運勢が流れていくでしょう。

運命線のパターンをみる

運命線の状態をみることで、運気の流れはもちろん、その人のメンタリティも読みとることができます。メンタルはその人の思考能力に関わり、運勢を大きく左右します。

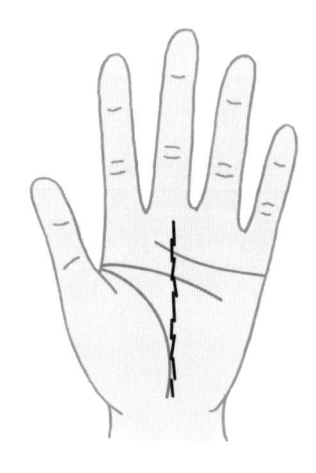

運命線が切れ切れになっている

運命線が切れ切れになっている場合は、転機や環境の変化が多い状態をあらわします。仕事が長続きせず、転職を何回もくり返す場合もこのような線の状態を示します。運気が不安定な状態で、精神面でもムラがあります。

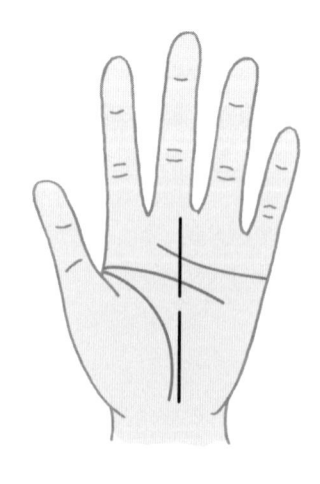

運命線が途中で切れて空白がある

運命線が途中で切れていて、空白がある場合は、空白の時期に運気の停滞や何らかの障害があることをあらわします。流年法を用いると、そのおおよその時期を判断することができます。空白が大きいほど深刻さが増します。

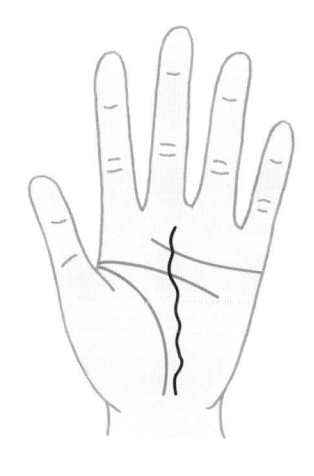

運命線が薄く波型になっている

細く薄く伸びている運命線が、ふらふらと波型になっている場合は、精神が不安定な状態を示します。焦点が定まらず、迷いがちな人生をあらわしています。運気に波があり、波乱に満ちた人生を送り苦労が耐えません。物事をすぐにあきらめずに、何事も前向きに取り組めば開運に向かいます。

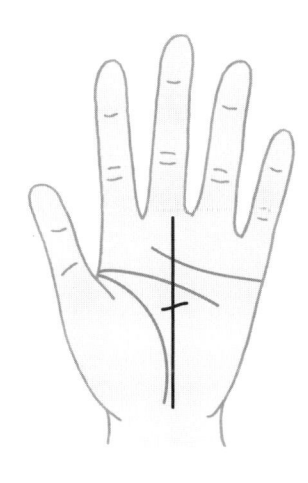

運命線に障害線が交差している

運命線を真横に横切る障害線があらわれている場合は、何らかのトラブルや障害が発生することを意味しています。流年法でそのおおよその時期を判断することができますので、事前の準備を怠らなければ、想定の範囲内でトラブルを乗り越えていくことができるでしょう。

運命線のパターンをみる

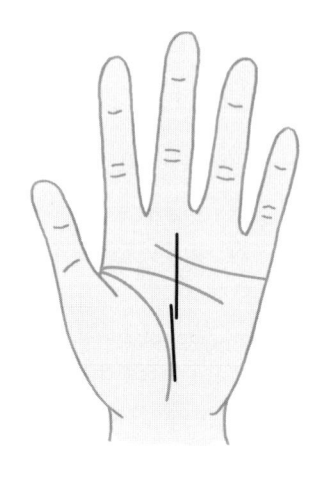

運命線が途中で切れているが もう1本の運命線が伸びている

運命線が途中で切れているが、それをカバーするようにもう1本の運命線が伸びている場合は、大きな変化があることをあらわします。変化することにより、さらによい道や運が開けることを意味しています。運命線の流年法を用いると、変化や転機があるおおよその時期や年齢をみることができます。

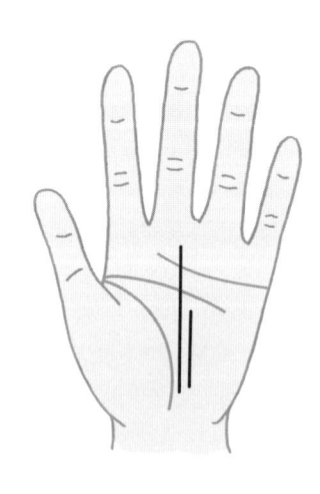

運命線と並行する 別の線があらわれている

運命線と並行するように、もう1本の線があらわれている場合、短いほうの線を姉妹線と呼びます。人生をサポートするよき協力者や、支援者に恵まれることを示しています。心強い援助に恵まれるラッキーなサインです。

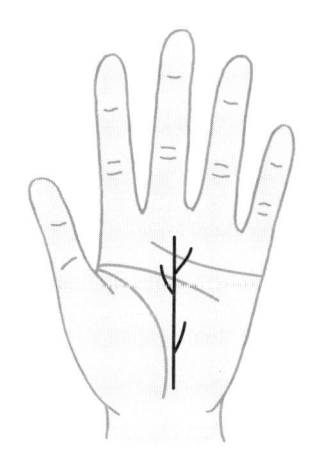

運命線から上向きの支線があらわれている

運命線から、手のひらの指の方向に向かって上向きの支線があらわれている場合は、運気の勢いをあらわすよい兆しです。上向きの支線は長ければ長いほどよい意味を持ちます。支線が伸びている丘と深く関わり、向上心と野心をあらわしています。

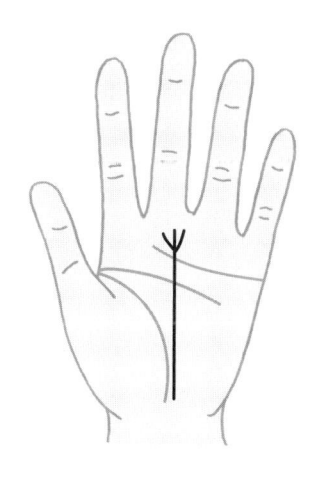

運命線

運命線の先端が2本以上に分かれている

運命線の先端が2本以上に枝分かれしている人は、二つ以上の異なる仕事をして、成功することをあらわしています。複数の異なる仕事やライフスタイルをバランスよくこなし、それぞれを両立することができる器用なタイプです。

運命線のパターンをみる

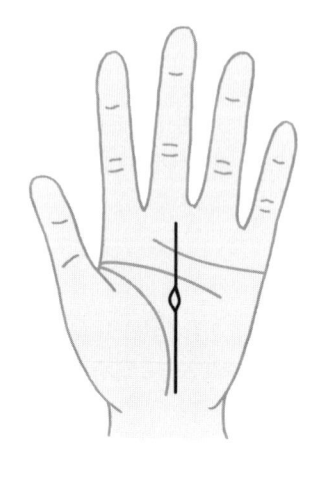

運命線上に島紋があらわれている

運命線上にあらわれる島紋は、一時的なスランプをあらわします。何らかの障害やトラブルにより、仕事や生活が停滞気味になるおそれがあります。運命線の流年法を用いると、おおよその時期や年齢を読みとることができるでしょう。

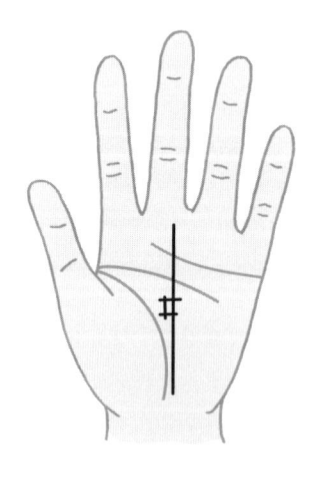

運命線上にスクエア（四角紋）があらわれている

運命線上にスクエア（四角紋）があらわれている場合は、病気やケガなどにとくに注意が必要です。スクエアの先も運命線が続いて伸びている場合は、障害は一時的なもので、運気は回復することをあらわしています。

【開運！ 手相ミニ知識　その五】

太陽線、財運線が運命線に関わっている

> 億万長者になれる手相

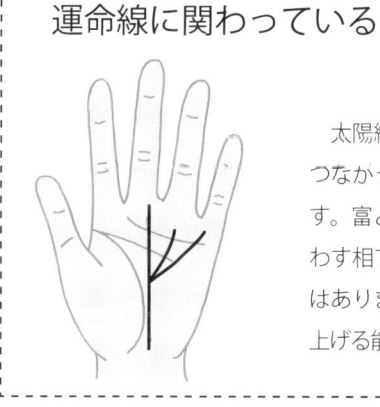

太陽線と財運線が、ともに運命線につながっている手相を三奇紋と呼びます。富と名声を手に入れる強運をあらわす相で、億万長者になることも夢ではありません。独自の才能で財を築き上げる能力を備えています。

運命線

み　ミスや不備、注意が必要　切れ切れの太陽線や運命線

あ　あてにする心を持たぬ独立派　くっきりのびた運命線　負けず嫌いで、生活力旺盛

結婚運を司る結婚線

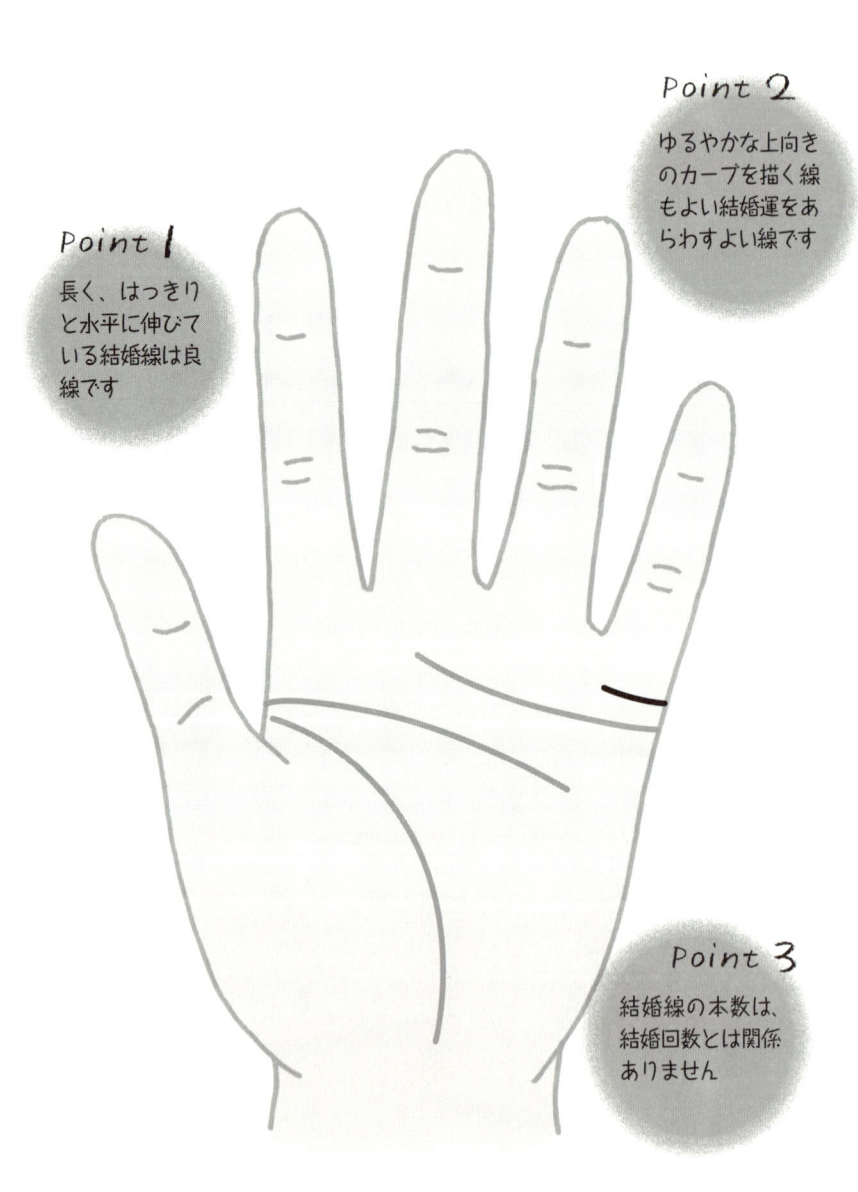

Point 1
長く、はっきりと水平に伸びている結婚線は良線です

Point 2
ゆるやかな上向きのカーブを描く線もよい結婚運をあらわすよい線です

Point 3
結婚線の本数は、結婚回数とは関係ありません

恋愛、結婚のスタイルや夫婦生活全般がわかる結婚線

　結婚線は、小指の付け根の下付近から、感情線の間に伸びている線です。感情線や頭脳線のように長いものではありません。手のひらを真正面から見るのではなく、手首を外側に捻って、手の側面をみるとよくわかります。その際、小指を少し折り曲げるようにすると、なお観察しやすくなります。

　結婚線は、結婚運はもちろん、恋愛運などもみることができます。いずれの場合も判断するうえで、感情線、太陽線や金星環も重要な線として関わっています。生命線の様子も大事な判断条件になります。

　結婚線の本数と、結婚の回数は無関係です。結婚の回数というよりは、むしろ恋愛の回数とみるほうがよいかもしれません。恋愛はいわゆる相思相愛の恋愛だけではなく、密かな片思いも入ります。

　結婚線がはっきりあらわれていない場合でも、金星環や感情線、生命線がしっかりしていれば、結婚運が悪いとはいえません。結婚線がない場合は、現在は異性との愛情問題に関心がないことをあらわしています。反対に、結婚線がきれいに伸びていても、感情線が切れていたり、生命線に異常がある場合は、万全によい結婚運とは限りません。

　よい結婚線は、①長くはっきりと、水平または緩やかな上向きのカーブを描いている線、②１のような結婚線が１本だけある、③結婚線が太陽線に届いている、です。このような理想的な結婚線をほとんどの人がもっているわけではありません。線の状態や、サイン、マークの存在なども合わせてみていくとよいでしょう。

結婚線

よい結婚線

　1本のきれいな結婚線がほどよく水平に伸びている人は、幸せな結婚生活が期待できます。ここでは経済的にも恵まれた豊かな結婚生活が望める「玉の輿の相」や、愛情豊かな夫婦生活が望める結婚線の手相を詳しくみていきましょう。結婚線は、結婚するかどうかだけではなく、その後の二人の夫婦生活もあらわします。

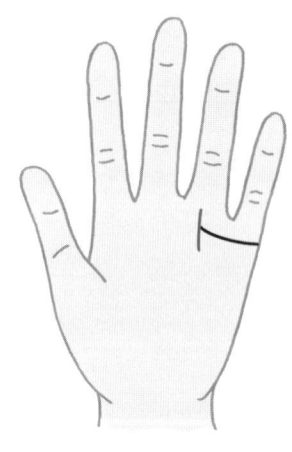

はっきりした長い結婚線が太陽線に届いている

　長くはっきりと伸びている結婚線が、太陽線に届いている線を持つ人は、いわゆる玉の輿の結婚運を持っています。豊かでゆとりある結婚生活が約束されています。

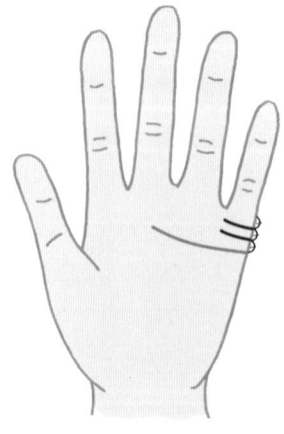

同じ長さの2本の結婚線が、小指と感情線の間を3等分している

　同じ長さの結婚線が2本伸びていて、小指と感情線の間を3等分するような位置にある人は、再婚の相を示しています。しかし、1度目の結婚が晩婚であった場合は、結婚は1回であるようです。

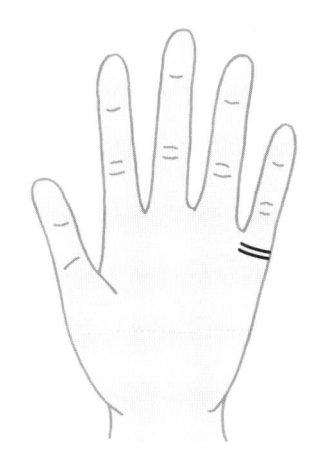

2本の結婚線が接近して並行している

結婚線が2本伸びていて、線が接近して並行している場合は、1度に二人の異性と縁があることを示します。感情線に近いほうにある線は先にあらわれた人を示します。線がくっきりしているほうの異性と結ばれるでしょう。

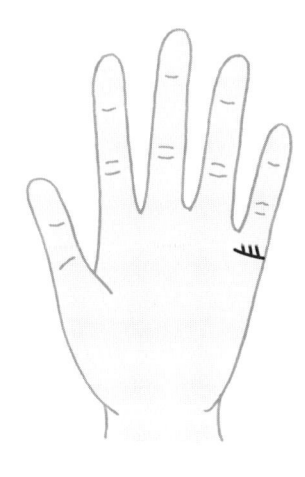

結婚線上に上向きの支線が出ている

はっきりと伸びている結婚線上に、ななめの上向きの支線が出ている人は、しあわせで恵まれた結婚生活を送ることをあらわしています。経済的にも、精神的にも豊かでゆとりある生活が望めるでしょう。

吉凶混合の結婚線

結婚線は、線の状態をみることで、現状がどのような行く末を見据えているかがわかります。結婚線は細かな線ですが、比較的に変化しやすい線なので、時期をみて注意深くみていくとよいでしょう。

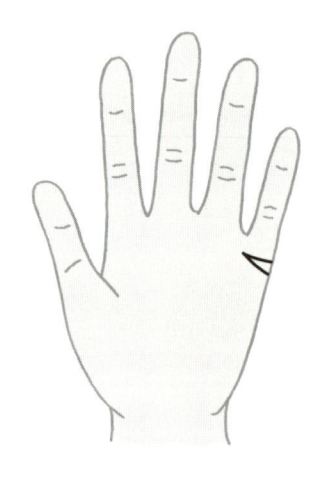

2本の結婚線が1本に重なっている

2本の結婚線が、1本の線にくっついて重なっている場合は、結婚または恋愛中に相手と別れても、また復縁する相を示しています。

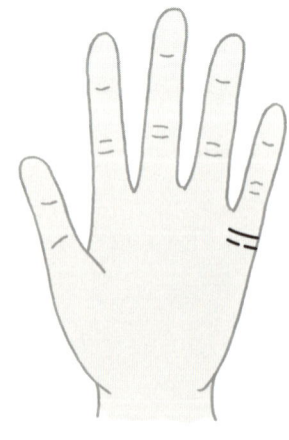

切れている結婚線の上にはっきりした結婚線がある

途中で途切れている結婚線の上に、はっきりときれいに伸びている結婚線がある人は、恋愛中の相手と別れがたい関係であることをあらわしています。二人は何らかの出来事で別れてしまうことがあっても、すぐにまた復縁し、もとの関係に戻ることを示しています。

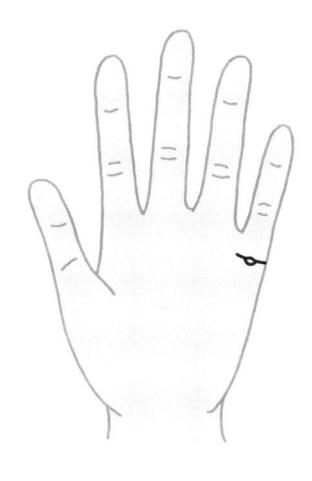

結婚線に島紋が出ている

　結婚線に島紋がある人は、結婚相手とケンカやトラブルが絶えず、不仲であることを示しています。島紋が手のひらの側面よりに出ていれば、トラブルはのちに解決することを意味します。たとえば、縁談の時期にある場合、始めは障害がありますが、先がしっかりと伸びていれば、結婚に順調に進むことを意味します。

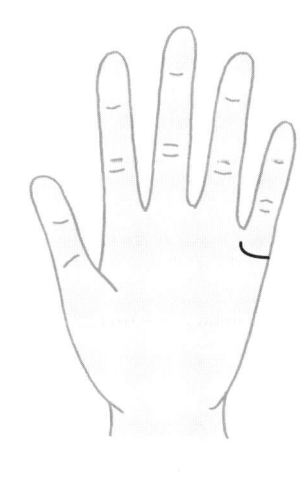

結婚線の先端が小指側よりに曲がっている

　結婚線の先端が、小指のほうへ曲がって伸びている人は、結婚相手が家庭を返りみず、孤独な結婚生活を送ることを意味しています。結婚によって束縛されるのを好みません。二人の性格の不一致をあらわしますが、経済的には恵まれているでしょう。

要注意の結婚線

結婚線があらわれていても、線が手首のほうに下がっている下向きであったり、結婚線にクロスや障害線などトラブルの象徴があらわれている場合は、二人の関係に注意が必要です。よい結婚や夫婦関係を望むために、あらわれたサインを注意深く読みとっていきましょう。現在の二人の状態を判断しながら、当人がよりよい最善の方向へ運気を流していくように心がければ、開運への道が開けてくるでしょう。

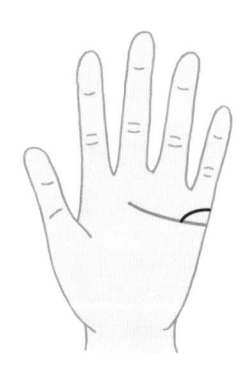

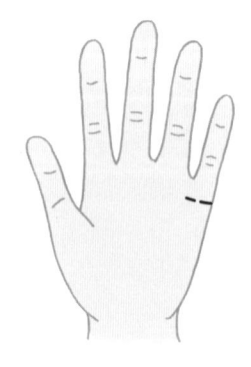

結婚線が下向きになり感情線についている

結婚線の先端が下に向かって伸び、感情線に届いている場合は、二人の性格の不一致を示します。交際に何らかのトラブルをかかえています。別居や離婚に向かいやすい結婚運をあらわしています。

結婚線の途中が切れている

結婚線が途中で途切れていて、空白がある場合は、結婚生活や愛情関係が次第に冷えて、別居や離婚に進むことをあらわしています。

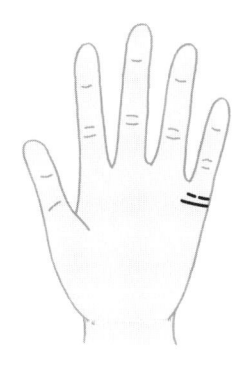

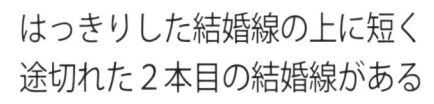

はっきりした結婚線の上に短く途切れた2本目の結婚線がある

　順調な結婚生活に変化があることを示します。配偶者以外の男性と愛情問題をかかえたり、不倫や三角関係に悩むことをあらわしています。

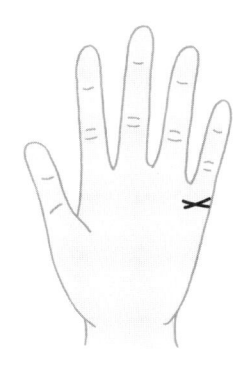

2本の結婚線が交差している

　結婚運が薄い相です。相性のよい人がなかなかあらわれない状態をあらわしています。結婚は晩婚のタイプ。結婚生活は、理想と異なる場合があります。よい家庭生活が望めるとはいえない相です。

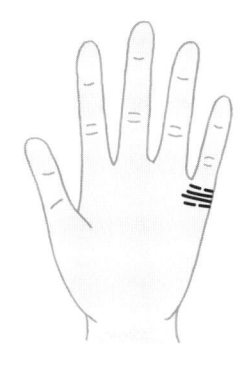

結婚線が4本以上ある

　結婚線が4本以上伸びている人は、多情な性格をあらわしています。相手には優しく接しますが、気が多いため、結婚生活は落ち着かないものになることを示しています。

結婚線

要注意の結婚線

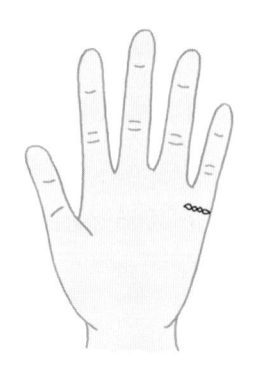

結婚線がくさり状になっている

　結婚線がくさり状になっている人は、結婚しても多情で浮気が絶えず、結婚生活が不安定な状態であることを示しています。配偶者とのトラブルに注意が必要です。浮気が原因で安定した結婚生活ではないことをあらわします。

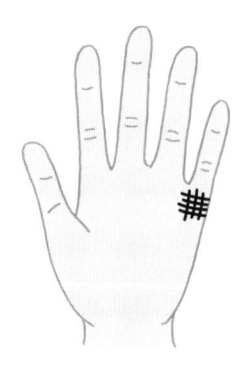

結婚線がグリル（格子状）になっている

　結婚線がはっきりしない状態で、縦、横の線が交差してグリル（格子状）になっている人は、恋愛をくり返してもなかなか本命に巡りあえない状態をあらわしています。恋愛中の相手はいても、結婚とはほど遠い相です。

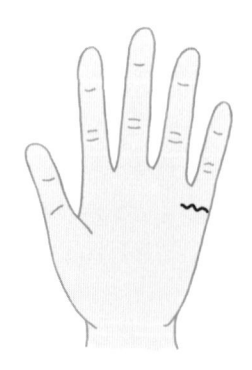

結婚線が波状になっている

　結婚線がまっすぐな直線ではなく、ふらふらと波状に伸びている場合は、結婚相手に恵まれないことを示しています。恋に落ちると大胆なタイプで、のめり込みやすい性格の持ち主です。

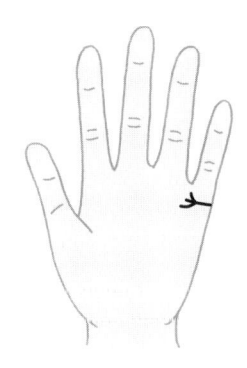

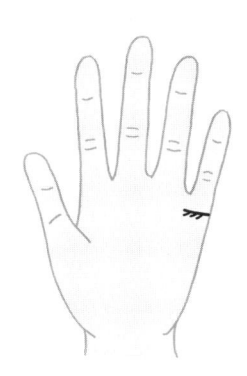

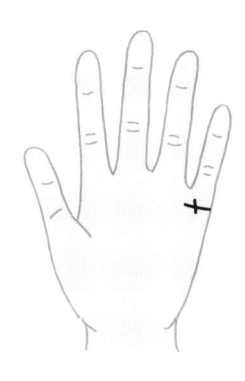

結婚線の先端が房状になっている

　結婚線の先端が枝分かれして、たくさんの支線が房状に伸びている人は、結婚生活や愛情関係が終焉を迎えることをあらわしています。結婚しても、だんだん愛情が冷めてしまうことを示しています。

結婚線に下向きの支線が複数ある

　結婚線から、下向きの支線が複数出ている人は、結婚生活に何らかのトラブルや障害があることを示しています。病気や経済的なトラブル、愛情問題など苦労の多さをあらわしています。

結婚線を横切る障害線がある

　結婚線に障害線があらわれている人は、家族や親族の間でトラブルがあることをあらわしています。人間関係に注意が必要なサインです。

要注意の結婚線

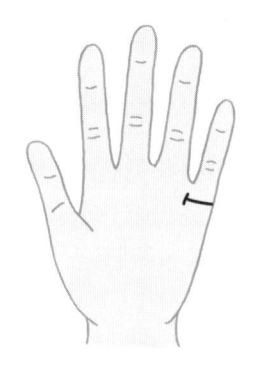

結婚線の末端に障害線がある

結婚線の末端に、障害線があり、結婚線がこの線に届いている場合は、恋愛中の相手と何らかの障害があり、結婚するのが難しいことをあらわしています。双方に結婚の意志があっても結ばれがたいことを示します。

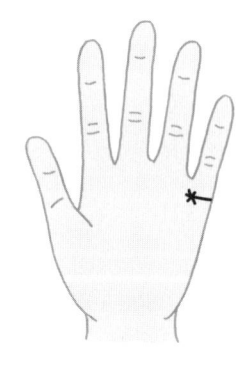

結婚線上に十字紋（クロス）がある

結婚生活や愛情問題にトラブルや障害があることをあらわしています。相手への愛情が薄れたり、浮気や三角関係など、家庭内で争議になることを示します。

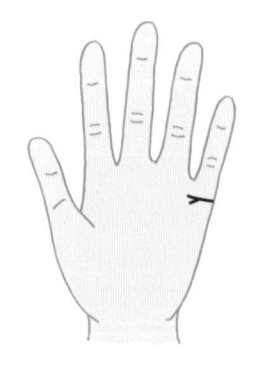

結婚線の先端が2本に分かれている

結婚線の先端が2本に枝分かれしている場合は、結婚生活に何らかの問題があり、別居や離婚など相手との離別をあらわしています。

吉婚の時期をみる

小指の付け根と感情線の間にある結婚線が、どの位置にあるかをみます。結婚線が複数ある場合は、いちばん長くはっきりあらわれている結婚線で判断します。小指の付け根の位置と感情線の間を二等分して、その中間地点を30歳位とします。

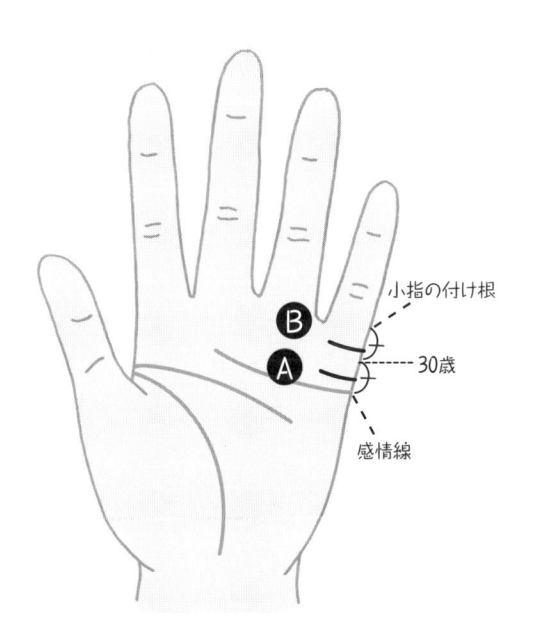

Ⓐ 結婚線が中間より感情線近くにある

結婚線が、30歳の中間地点よりも感情線に近くなっているほど、早婚のタイプです。

Ⓑ 結婚線が中間より小指近くにある

結婚線が、30歳の中間地点よりも小指の付け根近くにあるほど、晩婚のタイプです。

金銭・財産運を司る財運線

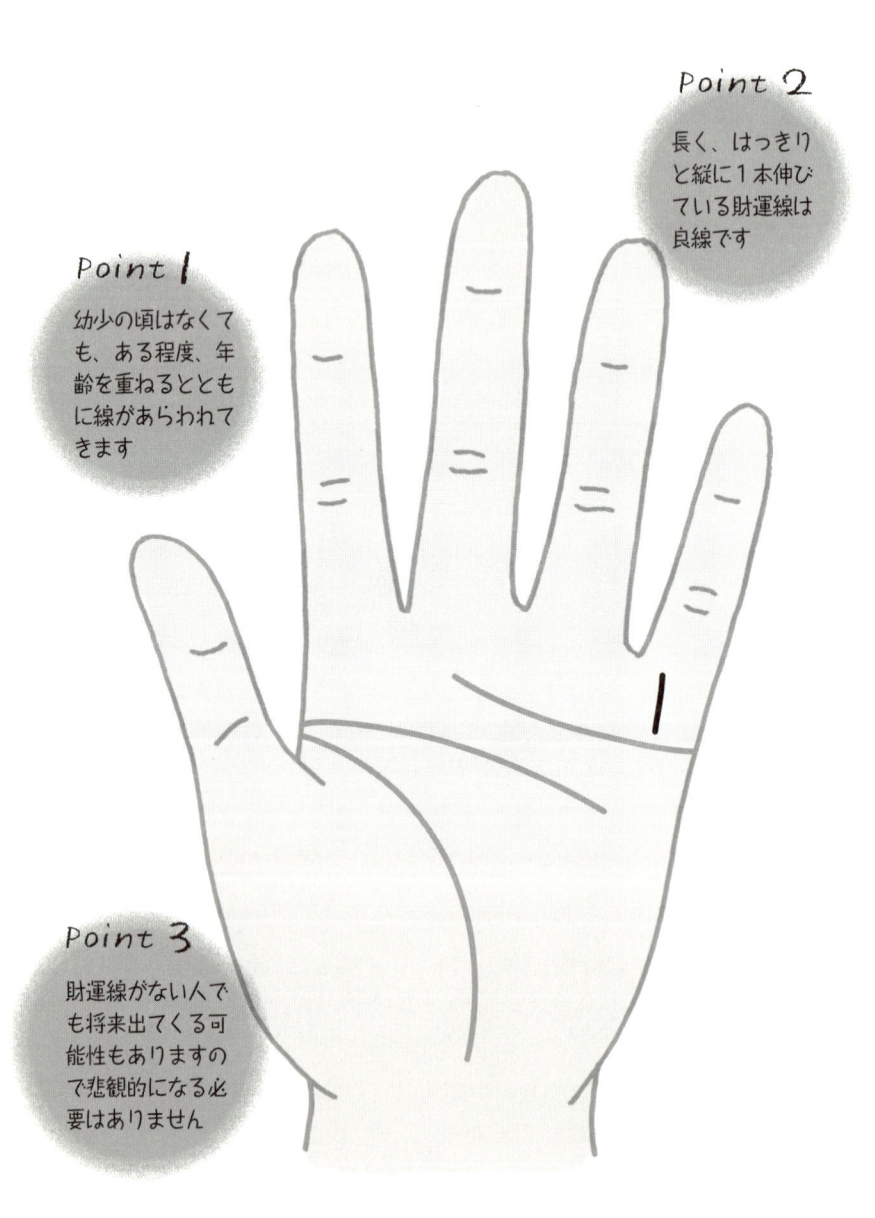

Point 1
幼少の頃はなくても、ある程度、年齢を重ねるとともに線があらわれてきます

Point 2
長く、はっきりと縦に1本伸びている財運線は良線です

Point 3
財運線がない人でも将来出てくる可能性もありますので悲観的になる必要はありません

金銭や財産を蓄える能力、
経済的センスをあらわす財運線

　財運線は、小指の付け根から水星丘のあたりを、感情線に向かって縦に伸びている線を指します。財運線は文字どおり、金銭や財産をあらわしている線です。この線があらわれている人は、太陽線もあらわれている場合が多いようです。

　財運線はバランスのとれた金銭感覚と、優れた蓄財能力を持つ人にあらわれます。財運線は、財産や貯蓄能力、経済的センスなどを司ります。水星丘に、縦にまっすぐとくっきり伸びている財運線ほどよい線です。長くはっきりしている財運線を持つ人ほど、経済観念のしっかりした財産家といえるでしょう。

　生きたお金の使い方ができる人か、貯蓄でさらにひと財産を生み出す蓄財に長けたタイプかどうかは、水星丘のふくらみも合わせてチェックするとよいでしょう。水星丘のふくらみは、お金に対する執着心の強さもあらわしています。

　しかし、財運線がない人でも金運が悪いというわけではありません。財産のある人でも財運線がない場合は、金銭に執着しない性格であることが多いようです。億万長者でも、財運線のない場合もあるのです。

　財運線がない人でも悲観的になることはありません。財運線は非常に変化しやすい線ですので、自らの努力次第で線が濃くなったり、線がない人にもあらわれてくる場合があります。金運をみる場合には、これら財運線、太陽線にくわえて、運命線も合わせてチェックするとよいでしょう。

財運線

よい財運線

財運線のあらわれ方は人によってさまざまです。財運線は財産家をあらわす線ですが、線が多くあらわれ過ぎているのはよい意味を持ちません。それでは財運線の状態を細かくみてみましょう。

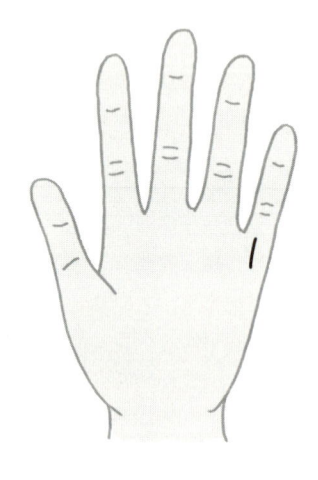

長くはっきりした財運線が1本伸びている

　財運線が、水星丘に1本だけすっきりときれいに伸びている線はよい線です。財運線を横切る障害線がなく、ほかの線がからみあっていない線も理想的です。このようなきれいな1本の財運線は経済的に恵まれていることをあらわします。お金に困ることはない人でしょう。本人が事業家や資産家でなくとも、金運がよく蓄財に長けていることをあらわします。

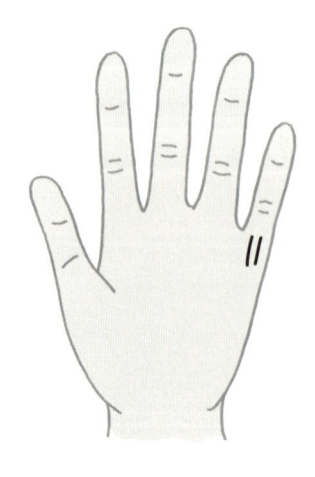

はっきりした財運線が2本伸びている

　財運線が2本伸びている人は、現在、安定した収入や蓄えがあることをあらわしています。生涯、お金に不自由することはないでしょう。2本の線が濃く、はっきりとしている人ほど、金運に恵まれ、裕福な生活が望めます。

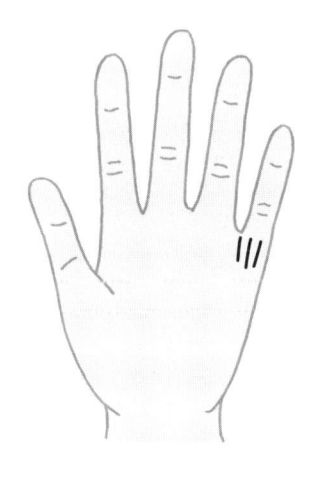

財運線が
3本以上ある

　財運線が、3本以上伸びている人は浪費家であることをあらわしています。入ってくるお金もありますが、頓着せずにお金を使ってしまう傾向が強く、やや貯蓄が苦手なタイプでしょう。

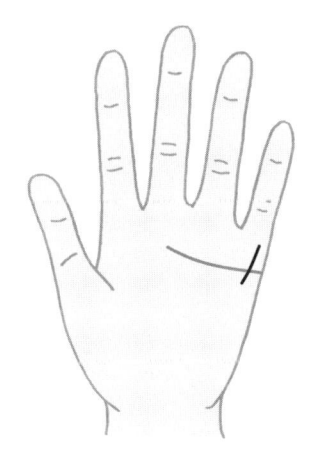

財運線が
感情線を越えている

　財運線が水星丘から感情線を越えて、長く伸びている人は優れた商才の持ち主。商売繁盛をあらわすよい線です。社会的な地位や名声を手にすることでしょう。また、財運線を横切る障害線がなく、長くはっきり伸びている線ほどその傾向が強いでしょう。

財運線

よい財運線

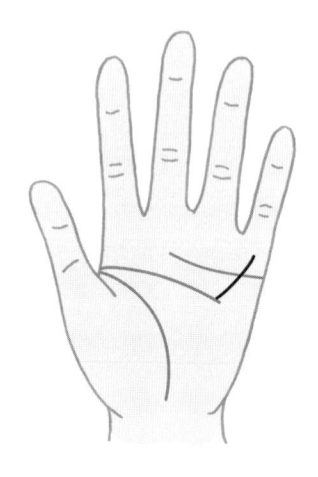

財運線が頭脳線まで届いている

財運線が長く伸びて頭脳線まで届いている人は、特殊な才能を生かして、それにより大きな財産を得ることをあらわしています。生まれ持った能力を発揮していくことで、よりよい豊かな財運に恵まれるでしょう。

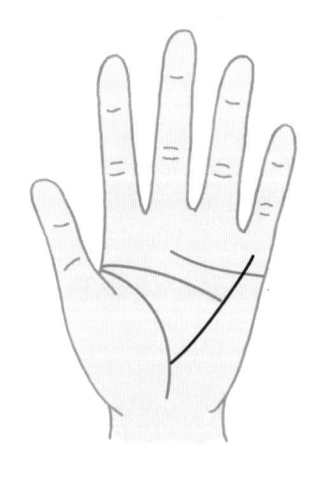

財運線が生命線まで届いている

財運線が長く伸びて生命線まで届いている人は、線がはっきりとしている場合は、親や先祖からの遺産が大きいことを示しています。財運線が長く伸びていても、切れ切れになっている場合は財運はそれほど期待できません。

要注意の財運線

　財運線は、仕事の現況を知るうえでも役に立つ線です。とくに会社経営や商売を営む人であれば、財運線にあらわれる兆候を知っておいて損はありません。線の様子から、障害やトラブルを回避し、投資活動や経営方針などを判断していくのもよいでしょう。

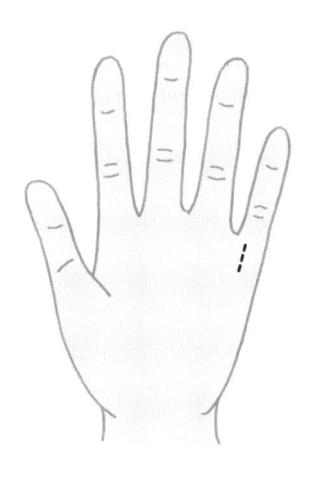

財運線が切れ切れになっている

　切れ切れになっている財運線は、経済状態がよくないことをあらわしています。商売をしている人は内容を練り直す必要があるでしょう。仕事で収入を得ている人は、転業せざるを得ない状態に追い込まれそうな状況を示しています。

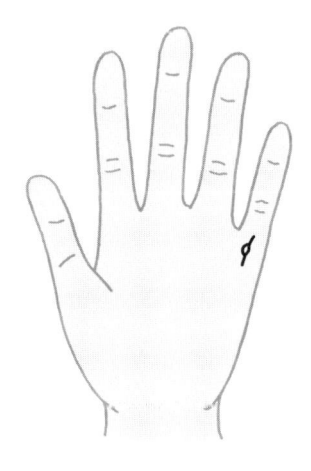

財運線上に島紋がある

　財運上に島紋があらわれている人は、何らかのトラブルにより思いがけない出費があることを示しています。収入があっても、なかなか蓄えることが難しい状況をあらわしています。

要注意の財運線

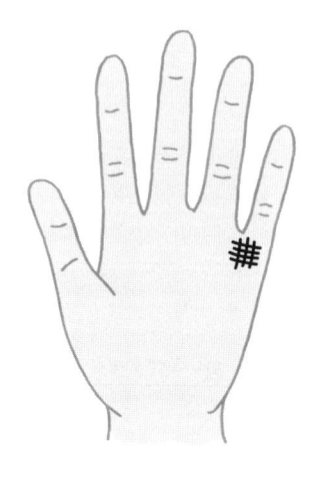

財運線がグリル（格子状）になっている

　財運線が3本以上あらわれていて、財運線を横切る障害線が交差して、グリル（格子状）になっている人は、経済状態がよくないことをあらわしています。無駄な出費を控え、財政をしっかりとたてなおすことが先決です。

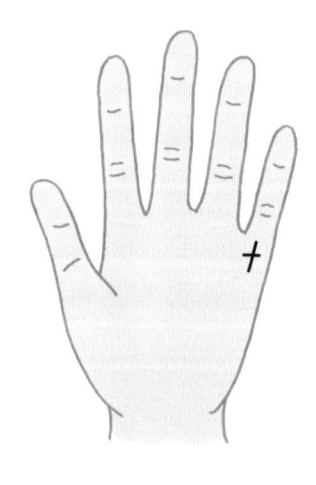

財運線に障害線が横切っている

　財運線を横切る障害線が出ている場合は、突然の出費や金銭の損失で、窮地に立たされることをあらわしています。障害線があらわれているときは、投機的な事柄は避け、一攫千金は狙えないと心得たほうがよいでしょう。

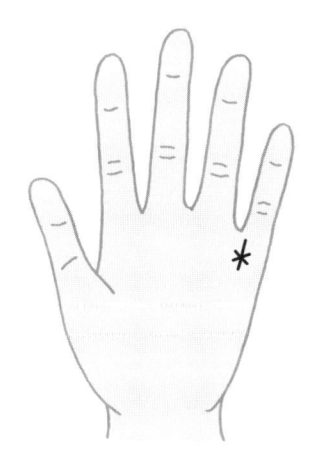

財運線に
クロス（十字紋）がある

財運線にクロス（十字紋）があらわれている場合は、金運がよくないことを示しています。クロスが感情線よりのほうにあらわれている場合は、これから金運が悪くなることをあらわしています。自己破産などせざるを得ない危機的状況を示すため、早めの対策が必要です。

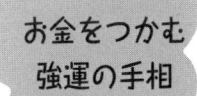

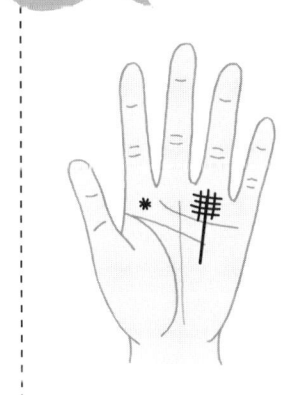

お金をつかむ強運の手相

【開運！ 手相ミニ知識　その六】
太陽丘にグリル、
木星丘にスター（星紋）の印

木星丘にあらわれるスター（星紋）は、予想外の思わぬ幸運が訪れるラッキーなサインです。太陽線の縦線、横線が交差してグリル状になっている人は、独自のアイデアや才能、センスを生かしてお金をつかむ強運の持ち主です。あなたの斬新なアイデアが評価されることも夢ではないでしょう。

金銭・成功運を司る太陽線

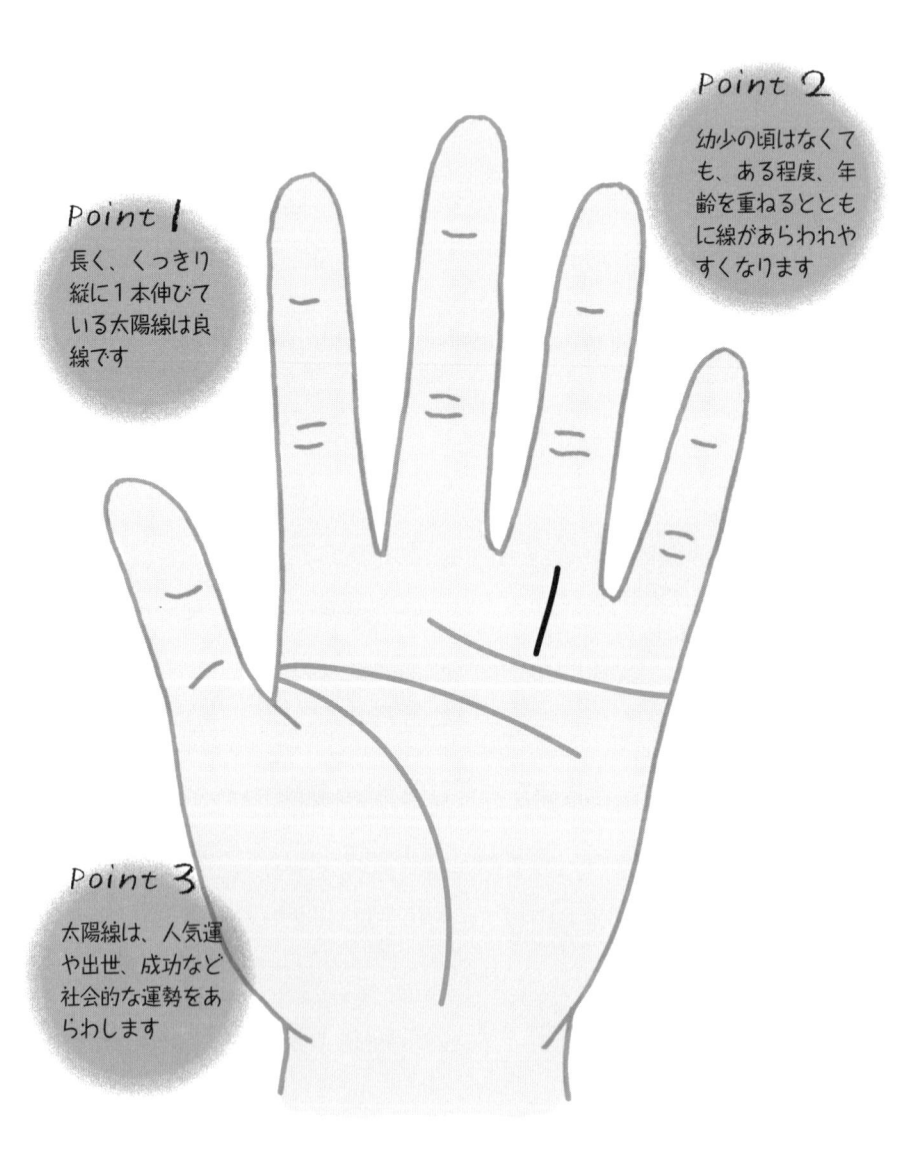

Point 1
長く、くっきり縦に1本伸びている太陽線は良線です

Point 2
幼少の頃はなくても、ある程度、年齢を重ねるとともに線があらわれやすくなります

Point 3
太陽線は、人気運や出世、成功など社会的な運勢をあらわします

豊かなアイデアで、人気や成功
金銭を手にする能力をあらわす太陽線

　太陽線は、太陽丘から手首のほうに向かって縦に伸びている線を指します。太陽線も財運線と同じく、金銭と関わりが深い線ですが、財運線と太陽線では若干意味が異なります。

　太陽線も金品に関わる線ですが、それ以外に社会的な発展や支援をあらわします。

　金運、出世運、人気運、仕事運などを司り、太陽線は財産の有無ではなく、自己の力で、金銭を生み出す能力をあらわしています。この線を持つ人は、豊かなアイデアと優れた発想力を生かし、お金を生み出していく能力に恵まれています。人気運もあり、出世や社会的地位に恵まれる人でしょう。また、芸術的センスを合わせ持っていて、名声とも関わりがあります。

　太陽線は、長くはっきり伸びている線ほどよい線です。まっすぐと伸び、障害がなく、深く刻まれている線ほど、金運や人気運があります。太陽線は誰にでもあらわれる線ではありません。成功や出世に恵まれている人でも、本人に成功しているという自覚がない場合は、太陽線があらわれていないこともあります。

　太陽丘は、金運や芸術、アイデア力などをあらわします。太陽丘のふくらみがが発達している人は、多少わがままな一面もありますが、明るく朗らかで面倒見が良く、豊かな愛情の持ち主です。太陽線をみる際には、合わせて太陽丘のふくらみもみていくとよいでしょう。

太陽線

太陽線の長さをみる

太陽線は長いほどよい線です。太陽線があらわれている位置によって持つ意味が異なります。線がどの位置から始まり、どの部分で終わっているかをチェックしてみましょう。

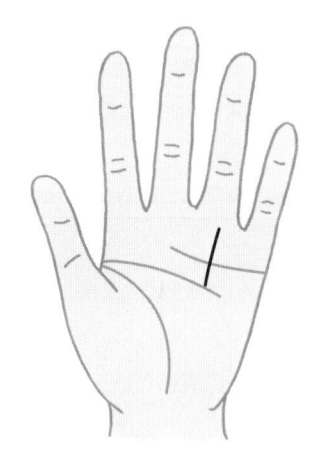

太陽線が頭脳線あたりから長く伸びている

頭脳線から、太陽丘に向かって伸びている太陽線は、一般より長い太陽線です。この線を持つ人は、金運や物質的な運の強い人といえます。自己のキャラクターや才能、センスを生かすことができるでしょう。頭脳明晰で、企画の仕事が向いています。若いうちから頭角をあらわすタイプです。

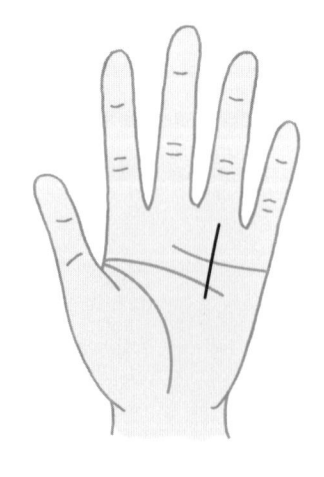

太陽線が頭脳線より下から伸びている

太陽線は、長ければ長いほど強い金運を示しています。頭脳線より下から始まる長い太陽線は、金銭を生み出す能力に長けている人。自己の才能を収入に結びつける力量があります。商才があり、経済的なセンスも優れています。

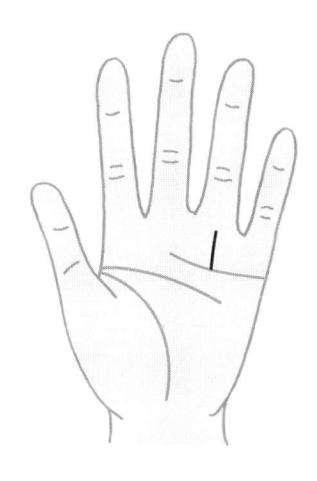

太陽線が
感情線から伸びている

　感情線から始まり、薬指に向かって伸びている太陽線は、一般的な長さです。この線を持つ人は、晩年になるほど運勢がよくなるタイプでしょう。金銭に対して常識的で堅実な考え方の持ち主。経済的には比較的安定している状態をあらわしています。貯蓄の能力も優れています。

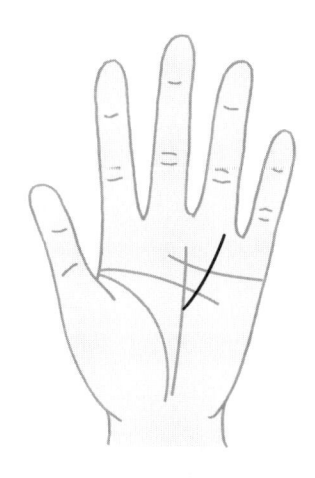

太陽線が
運命線から伸びている

　太陽線が、運命線から薬指に向かって伸びている線を持つ人は、自己の能力と努力で運命を切り開いていく人です。太陽線と運命線が重なる頃から、ぐんぐんと運が開いていくことでしょう。運命線の流年法を用いると、運命線と太陽線が重なる位置で、開運のおおよその時期や年齢を知ることができます。

太陽線

伸びている方向をみる

太陽線が、どの位置からどのように伸びているかをみることで、その人の持つ才能をみることができます。

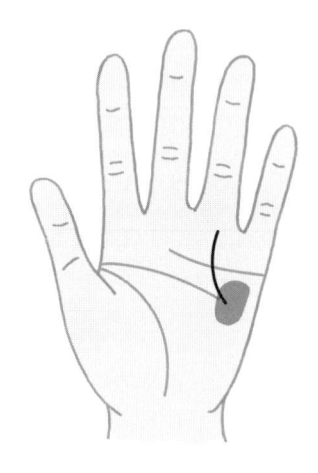

太陽線が 第二火星丘から伸びている

太陽線が、第二火星丘から伸びている人は、自己の才能や世界観を発揮して運を切り開いていくことをあらわしています。向上心にあふれ、独立精神も旺盛です。専門分野を極め、その道のスペシャリストになることも夢ではないでしょう。持ち前の堅実さで財を着実に増やし、粘り強い努力と忍耐力で運をますます広げていくことができます。

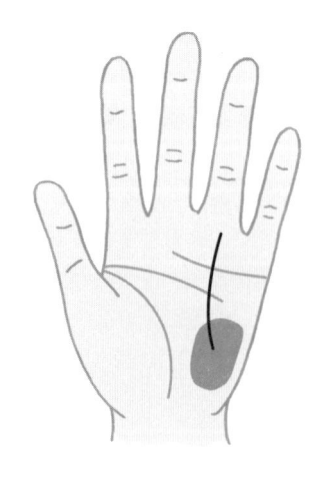

太陽線が 月丘から伸びている

太陽線が、月丘から伸びている人は、アイデアや創造力を生かした仕事で能力を発揮することを示しています。月丘は神秘性や創造性を司る丘。自分の直感やインスピレーションを信じて、運を切り開いていくことができるでしょう。

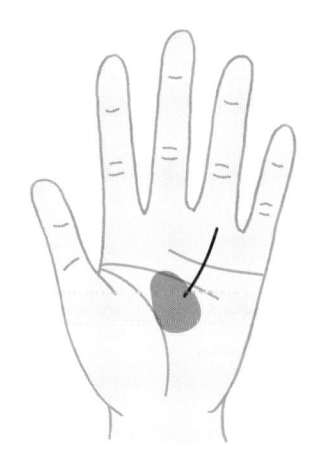

太陽線が
火星平原から伸びている

　太陽線が、火星平原から伸びている人は、自分の努力で運命を切り開いていく強い意志の持ち主です。経験や実績を着実に積み上げていく能力に優れています。他者に頼らず、自分の力を信じて前向きな人生を歩む人です。

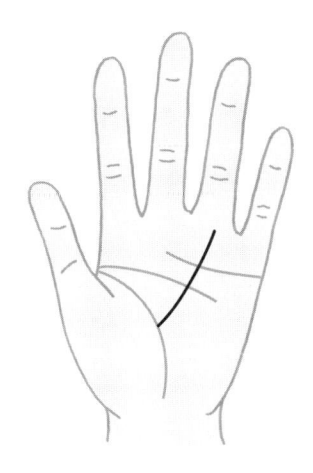

太陽線が
生命線から伸びている

　太陽線が生命線から伸びている人は、芸術の分野で恵まれた才能を発揮できる人です。家族や親族などの援助も期待できます。先祖の恩恵にあずかれる、幸せな人といえるでしょう。自己の才能を効果的に生かし、豊かな生活を送ることができます。

太陽線

太陽線のパターンをみる

太陽線も非常に変化しやすい線ですが、太陽線が何本もあらわれていたり、途中で切れていたりする場合には注意が必要です。太陽線は金銭や成功、人気などに深く関わりのある線。トラブルのサインがあらわれたときは、自身の言動を省みる必要があります。

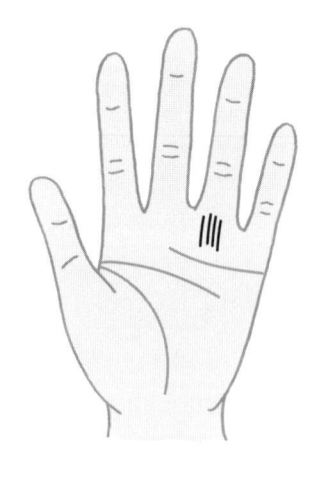

太陽線が何本もあり複数の線が伸びている

太陽線が3、4本と複数並んであらわれている人は、お金に無頓着な人が多いようです。入ってくるお金もありますが、その分、出て行くお金も大きい人です。損得勘定の不得手な人ともいえます。堅実なお金の使い方や賢い節約法、常識的な金銭のやりくりを学べば、経済的に困ることはないでしょう。

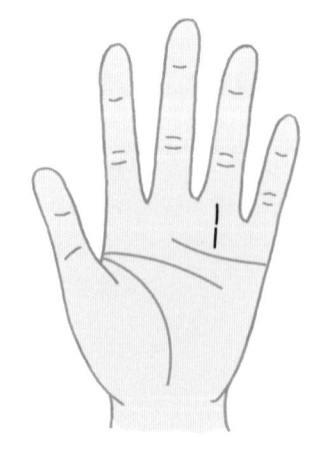

太陽線の途中が切れている

太陽線の途中が途切れている場合は、盛り上がる運勢の過程で一時期の挫折があることをあらわしています。一時の障害やトラブルによって物事が停滞気味になりますが、また運気を盛り返す力があることを示しています。

太陽線が交差して
グリル（格子状）になっている

　太陽線が何本もあり、太陽線を横切る横線が交差してグリル（格子状）になっている人は、成功をおさめる事業運の持ち主です。経済観念に優れ、商売やお金儲けの上手な人といえるでしょう。手のひらにあらわれるグリルの印は、あまりよい意味を持ちませんが、太陽丘にあらわれるものに限り、人気や名声、成功を意味します。

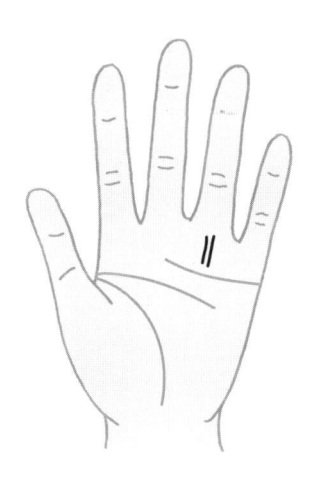

太陽線が2本並んで
あらわれている

　太陽線が、2本まっすぐ並んできれいにあらわれている人は、恵まれた強い運勢の持ち主です。自身の優れたアイデアを発揮して、堅実に運を切り開いていく努力家です。協力者に恵まれるサポート運もあります。家族や仕事関係者など身近にいる人の協力を得て、財を築くことができるでしょう。

おわりに

　私が占いの勉強を始めたきっかけは、単純な興味本位の気持ちからでした。自分自身や身近な人たちを占っていくと、あまりにもいろいろなことがあてはまることに驚き、興味は増していきました。

　そんなある日、占い専門の学校があることを知り、私はすぐに入学しました。それまでは、ブティック経営のかたわら、占いは趣味で学んでいましたが、身辺の変化をきっかけに、占いのプロとして人様のお役に立てるならと、転向を決意しました。

　生まれた日や、両親・兄弟は宿命です。宿命は変えることはできませんが、これからの運命は変えることができます。手相に不吉な線やサインがあるからといって悲観することはありません。手相は、変化していくものですから。

　今回、浅学な私に出版のお話をいただき恐縮でしたが、はじめての方のための入門書ということで、お受けしました。

　この本の情報だけで安易に人様の手相をみて、「病気をする」とか「恋愛や結婚が難しい」など軽率な発言は避けたほうがよいでしょう。あくまでご自身のかんたんな手相判断にとどめて下さるようお願いします。

　この本で、少しでも占いに興味をお持ちいただけましたら幸いです。皆様のこれからの人生が、より幸せな方向へ向かえばこのうえない喜びです。どうぞお幸せに！

【参考文献】

「手相診断」浅野八郎／説話社
「手相の完全独習」秋山勉唯絵／日本文芸社
「ズバリわかる 手相 見方と運勢」ボワィヤン・S．米田／西東社

著者紹介

沙野 光玲（さの みれい）

社団法人日本易学連合会会員、認定鑑定士公認第639号。日本占術協会会員。日本易推命学会会員。占法は、気学、周易、断易、四柱推命、手相、家相、風水、タロットなど。池袋・渋谷パルコその他で5年以上鑑定を行い、2003年より東京銀座「沙野光玲の開運サロン」にて鑑定及び教室を主宰し、2009年1月より銀座・水天宮・駒込にて完全予約制の鑑定及び教室を主催する。
http://www.mirei.co.jp/

光玲おばあちゃんのかんたん手相占い入門

発行日	2009年7月11日　初版発行	

著　者	沙野光玲
発行者	酒井文人
発行所	株式会社 説話社
	〒169-8077 東京都新宿区西早稲田1-1-6
	電話／03-3204-8288（販売）03-3204-5185（編集）
	振替口座／00160-8-69378
	URL http://www.setsuwa.co.jp/

企画・編集協力	石田和歌子（Ismn's）
イラスト	市川さとみ
デザイン	染谷千秋（8th Wonder）
編集担当	高木利幸

印刷・製本 株式会社 平河工業社
© Mirei Sano　Printed in Japan 2009
ISBN 978-4-916-217-70-7 C2011

落丁本・乱丁本はお取り替えいたします。